KB234693

책으로 할 수 있는 모든 것들

책으로 할 수 있는 모든 것들

읽고, 쓰고, 발표하고, 책으로 쓰기

안정한 지음

예림북

강의를 책으로 펴낸 동기

안녕하십니까? 안정한입니다. 저에 대해서 잘 모르시는 분들을 위해서 저에 대해서 간단하게 소개를 하고 시작하도록 하겠습니다. 우선 저는 서점을 경영하면서, 서점의 홍보를 위해서, 또 저 자신의 발표를 위해서 책을 읽고 정리해 TV와 라디오, 신문 등에서 11년이 넘는 시간 동안 1,000권이 넘는 책을 소개해 왔으며 그동안 책을 소개한 동영상은 인터넷에 올리고 있습니다. 그중에서 기억에 남는 내용을 모아서 책 세 권을 썼습니다. 그렇게 책을 읽고, 정리하고, 발표하고 다시 그것들을 모아서 책을 쓰는 동안 독서에 관해서 많은 고민을 하고 생각을 정리하다가 독서가 단순하게 책을 읽는 것만으로 되는 것은 아니라는 사실을 깨닫고 이렇게 글을 쓰게 되었습니다.

인터넷에는 '책 속의 길을 가다'라고 해서 발표 했습니다. 그리고 그 내용을 이 책에 넣었습니다. 책으로 만들면서 강의에서 부족한 점을 보완하여 더욱더 많은 내용과 생각을 풍성하게 넣으려고 노력했습니다. 강의 내용만 가지고 만들려다 보니 끝도 없이 다듬게 되더군요. 읽고 또 읽고 고치고 또 고치고.

이 책 속에서도 투영되겠지만 완성된 책이란 존재하지 않는 것 같습니다. 끊임없이 다듬는 수양을 통해 얻은 글만이 존재하는 것 같습니다. 그중에서도 제목을 가장 많이 고민했습니다. 강의의 원제인 '책 속의 길을 가다' 를 제목으로 하려고 했으나 너무 막연한 것 같아서 『책으로 할 수 있는 모든 것들』로 변경하게 되었습니다. 양해해 주시고 읽어주시면 감사하겠습니다.

부디 재미있게 읽어주시고 많은 독서를 하기길 바랍니다.

_안정한

이 세상에서 사상보다도 더 견고한 것은 없다.

에머슨

책을 읽어야만 하는 이유

왜 책을 읽어야만 하는 것일까요? 혹시 비디오 증후군이라는 말을 들어보신 적이 있으신가요? 영유아의 유사자폐를 일으키는 것이 바로 비디오 증후군이라고 합니다. 원래 인간의 뇌에는 대화하는 부분이 있는데 아기들이 태어나서 어른들과 이야기를 하면서 그 부분의 뇌를 발전시킨다고 합니다. 그런데 요즘 아기들은 태어나서 어른들과 이야기를 하면서 크는 게 아니라 TV나 스마트폰을 보면서 자라다 보니 뇌의 대화 부분 발달이 미숙하여 그만 자폐와 유사한 증상을 보이게 된다는 것입니다. 즉 스마트 기기 자체가 아기들에게 해로운 환경이 되는 셈이지요. 그런데 아기들만 그런 것일까요?

아닙니다. 어른들도 마찬가지로 그런 환경에 놓여 있습니다. 그중 한 가지 예를 들자면 혹시 휴대폰의 전화번호를 몇 개나 외우십니까? 아마 20개 이상 외우시는 분이 별로 없을 것 같은데요. 예전에 휴대폰이 없을 때 많이 외우면 100개까지도 외우시는 분들이 적지 않았습니다. 그런데 지금은 왜 그럴까요? 그것은 바로 우리의 뇌가 그럴 필요가 없으므로 퇴화하였기 때문입니다. 그것뿐만이 아닙니다. 내비게이션이 보급되면서 지도를 못 읽는 사람들이 급속하게 늘어나고 있습니다. 원래 남자는 사냥을 하기 위해서 머릿속에 공간을 기억하는 부분이 발달해 있었다고 합니다. 그러나 언제 어디서나 위치를 알 수 있게 되면서 결국 퇴화하기 시작한 것이지요. 하다못해 전자계산기만 쓰다 보면 간단한 더하기 빼기조차 못하게 되는 것이 바로 우리의 뇌라는 사실을 생각해 보면 우리가 지금 얼마나 위험한 상황 속에 살고 있는지 알 수 있습니다. 그러면서 우리의 뇌는 이제 비만에 걸리기 시작한 것입니다.

이 부분에 대해서 간단하게 예를 들어서 설명을 하겠습니다. 혹시 이런 적 있으십니까? 메일을 확인하려고 들어갔다가 낚시기사에 낚여서 이런저런 뉴스를 보다가 쇼핑사이트, 취미사이트 등등을 한 시간 가까이 둘러보다가 결국 내가 뭐하러 인터넷에 들어왔는지 기억이 안 나는 경우 말입니다. 사실 저도 이런 경우가 하도 많아서 하루에 한 번만 메일을 확인하고 될 수 있으면 포털에 잘 접속을 안 하려고 합니다. 이것이 바로 뇌가 정보 과다로 인해서 목적을 상실하는 경우입니다. 그리고 이런 일이 반복되게 되면 결국 디지털 치매로 이어지게 되는 것입니다. 즉 뇌가 비만이 걸려서 제대로 이해, 암기, 응용의 역할을 못 하게 되는 것이지요.

우리의 뇌가 이렇게 점점 게을러져서 힘들어지는 이유는 바로 뇌가 정보의 비만에 걸렸기 때문입니다. 우리의 몸이 비만해지는 이유는 많이 먹으면서 적게 운동을 하기 때문이라는 사실은 누구나 알고 있습니다. 그래서 정보의 비만이라고 하는 이유는 바로 인터넷에서 엄청난 정보를 받아들이면서 즉각적인 반응만 할 뿐 전혀 처리할 생각을 하고 있지 않기 때문입니다. 우리의 뇌는 그냥 저절로 정보를 처리하는 것이 아니라 정보를 처리하려고 노력을 할 때 뇌의 운동이 시작된다고 합니다. 즉 정보의 이해, 암기, 응용 등이 전부 뇌가 노력할 때 생겨나는 것인데 우리는 그냥 정보의 바닷속에 빠져서 아무런 생각 없이 보내게 되는 것입니다. 이런 상황에서 독서가 어떻게 도움이 될 수 있다는 것일까요?

저는 일단 종이책 독서를 권장하고 싶습니다. 종이책에는 인터넷과 달리 한정된 정보가 일정한 방향으로 들어가 있기 때문이지요. 그리고 책을 읽는다는 것은 일정한 텍스트를 이해하고 암기하고 있어야 다음에 나오는 내용을 이해할 수 있기 때문에 자동으로 이해, 암기 더 나아가서 응용이라는 뇌의 운동을 시켜 주기 때문입니다. 많은 사람이 뇌 운동을 하기 위해서 스토쿠라는 책을 통해 두뇌운동 게임을 하는데, 그런 것들은 단지 숫자나 도형 부분만을 발달시켜주지만, 독서는 이 세상에 존재하는 모든 감각과 정보 그리고 상상력을 동원해서 거대한 세상을 머릿속에서 구축해야만 이해할 수 있는 두뇌운동이기 때문입니다. 즉 독서는 정보의 비만에 걸린 두뇌를 운동시키는 최고의 두뇌 운동법이므로 반드시 종이책으로 독서하는 것을 권장하는 것입니다.

책 속의 길을 찾아가는 법

우리는 쉽게 이야기합니다. '책 속에 길이 있다.'고 말이죠. 저는 많은 책을 읽고 정리하고 발표를 하면서 이 말에 대해서 수많은 생각을 하게 되었습니다. 그리고 내린 결론이 바로 '책 속에는 길이 없다.'였습니다. 그 이유는 책을 아무리 많이 읽어도 내 생활이나 생각이 바뀌지는 않는다는 것입니다. 아무리 내가 많은 책을 읽고 남의 생각을 고치려고 해도 내 생각도 남의 생각도 바뀌지 않고 어제의 문제는 오늘의 문제로 남고 오늘의 문제는 내일의 문제로 남았습니다. 그런데 방송을 하면서 책을 소개하고 정리하고 발표하고 그것을 다시 책으로 내면서 생각이 많이 바뀌었습니다. '책 속에는 길이 있다. 그러나 가지 않으면 내 길이 아니다.'고 말이죠. 제가 책을 읽을 때 눈으로만 읽었기 때문에 책 속의 길이 보이지만 갈 수가 없었던 것입니다.

그리고 눈을 들어서 사람들을 다시 보게 되었습니다. 그들은 아직도 '책 속에 길이 있다.'고 믿고 책을 읽고 그 속에서 답을 찾고자 노력하고 있었습니다.

그런데 그들은 깨닫지 못하고 있었습니다. 머릿속으로만 알게 된 답은 진정한 답이 아니라 신기루 같은 것이라는 사실을 말입니다.

그렇다면 어떻게 해야 책 속의 길을 갈 수 있을까요? 저는 서점에서 일하면서 수학문제집 속에서 그 답을 찾았습니다. 수학문제집을 보면 앞에는 문제가 있고 뒤에는 답이 나와 있습니다. 그런데 그 속에서 답을 찾았다고 해서 그 답을 아는 것이 중요한 것이 아니지 않습니까? 답을 아는 것보다는 그 푸는 과정을 익히는 것이 중요하다는 사실을 우리는 이미 알고 있습니다. 그런데 우리는 책 속에서 과정을 뺀 답만을 찾는다는 사실이 신기루 같은 것이라고 이야기하는 것입니다. 그럼 어떻게 하면 책 속의 답과 책 속의 길을 내 것으로 만드는 과정을 익힐 수가 있을까요?

우선은 책을 단순하게 읽고 덮는 순간 잊어버린다는 사실을 깨닫는 데서 시작을 할 수 있습니다. 책을 읽고 그것을 정리하고 자신의 의견을 덧붙여서 발표하며, 그 발표한 것들을 다시 모아서 책으로 내고 사람들에게 강의할 수 있는 순간 책이 진정한 나 자신의 일부로서 남고 책 속의 길을 갈 수 있다는 사실을 알게 되었습니다. 마치 종교에서 영적 체험을 하는 것처럼 순간적인 깨달음이 제 몸과 마음에 깃들었지요. 그런데 이 이야기를 어떻게 전달해야지 되는지 고민을 하면서 제가 그동안에 쌓아두었던 독서와 작문 발표의 기술들이 한가지로 연결된다는 사실이 이 강의를 만들게 되었습니다.

여러분은 앞으로 어떤 책을 어떻게 읽고, 어떻게 정리하며, 어떻게 발표해야 하는지 듣게 될 것입니다. 더 나아가서는 그것들을 바탕으로 자신의 새로운 개념과 사상을 정리해서 자신의 책과 강의를 만들 수 있는지 듣게 될 것입니다. 아마도 이 이야기를 들으면서 자신은 독서만으로 만족한다는 분들도 분명히 계실 것입니다. 그러나 제 이번 강의를 들으시면 분명히 생각이 바뀌실 것입니다. 왜냐하면, 독서의 완성은 단순히 읽는 데서 끝나는 것이 아니라 새로운 내 것으로 만드는 것이 되기 때문입니다. 그럼 여러분에게 좋은 시간을 드릴 것을 약속하면서 시작하도록 하겠습니다.

contents

습관은 모든 것의 지배자이다.

-핀다로스

지식은 사랑의 어버이요, 지혜는 사랑 그 자체이다.

-J. C 헤어

CHAPTER 1

독자의 단계

첫 번째 리더
두 번째 저널리스트
세 번째 프리젠터
네 번째 아서

독서를 하는 사람에게도 나름의 단계가 존재하고 있습니다.

책으로 할 수 있는 모든 것들

독자의 단계

읽기만 하는 사람 

제가 책을 읽고, 정리하고, 소개를 하고, 다시 책으로 내면서 '어떻게 하면 책을 잘 읽는 방법을 찾을 수 있을까?' 하다가 한 가지 아이디어가 떠올랐습니다. 그것은 바로 독서를 발전시키는 방법을 체계화하는 것입니다. 이것은 단순하게 생각나는 대로 정리한 것이 아니라 제가 직접 경험하고 많은 독자들을 보면서 깨달았던 점을 나름의 체계로 만든 것입니다. 우리는 일반적으로 독서라고 하면 무조건 책을 읽는다고만 생각하지만 그렇지가 않습니다. 독서를 하는 사람에게도 나름의 단계가 존재하고 있습니다.

리더 ─ 책을 읽기만 하는 사람

우선 첫 번째 단계는 리더입니다. 그냥 읽기만 하는 단계입니다. 이 단계는 독서를 시작하는 사람으로서 책을 좋아하고 읽는 사람을 말하는 것이지요. 책을 많이 읽는다는 것은 좋은 일입니다. 그러나 일단 읽고 나면 잊어버리기 때문에 독서를 하는 것에 비해서 남는 것이 별로 없고, 자신이 무엇을 읽었는지 알 수 있으나 정확한 내용을 파악하지 못하기 때문에 남들에게 아는 것을 정확하게 전달하지 못하는 단점이 있습니다. 예를 들어 저 같은 경우 책을 소개하는 일을 하기 전에도 다독했습니다. 그러다 보니 많은 사람이 저에게 이 책 내용은 어떠냐고 물어보았지만, 저 자신은 현재 읽는 책만 기억에 남아서 대답을 해주지 못했습니다. '책을 읽어선 소용이 없다.' 라는 생각마저 하게 되었던 적이 있습니다.

이처럼 책을 읽기만 해선 별로 쓸모가 없습니다. 책 속에 길이 있어도 가지 않으면 내 길이 아니기 때문이지요. 그래서 다음 단계인 쓰기 즉 저널리스트의 단계로 넘어가는 것이 필요합니다.

저널리스트 — 책을 정리하는 사람

두 번째 저널리스트의 경우 책을 읽은 다음에 책의 내용을 간단하게 정리하는 사람을 말합니다. 책을 읽다가 생각나는 문구나 감상을 적음으로써 자기 생각을 쓰는 것이지요. 그래서 자신이 읽은 책의 내용을 머릿속에서 간단하게나마 정리를 해서 누가 물어보았을 때 대답을 해줄 수 있고 자신이 읽은 책들에 대한 감상을 이야기할 수 있습니다. 그런데 자신만의 감성으로만 책을 읽다 보면 객관적인 감상이나 정확한 정보전달이 부족해 책을 곡해해서 읽을 수도 있기 때문에 잘못하다가는 자신만의 세계에 갇히는 오류를 범할 수도 있습니다.

예를 들어 무술에 대해서 관심이 많은 사람이 있다고 생각해 봅시다. 그래서 무술에 관한 모든 정보와 책들을 수집해서 공부를 하다 보면 어느 순간 무협지에 나오는 기술들에 관해서 알게 됩니다. 그리고 그것들을 믿기 시작해서 체계적으로 연결하기 시작하지요. 현실에서도 구현이 가능한 기술이라고 믿기 시작하면 무협지에서 나온 기술들을 현실에서도 구현할 수 있다고 떠들고 다니게 됩니다. 마찬가지로 영화나 드라마에 너무 빠진 사람들의 경우에도 자신만의 정보 안에 갇혀서 그만 현실에서 길을 잃게 될 수도 있습니다. 그래서 다음 단계인 프리젠터가 되어야 합니다.

프리젠터 → 책을 소개하는 사람

세 번째 프리젠터의 경우 자신이 읽은 책을 정리해서 발표까지 하는 단계를 말을 합니다. 단순하게 친한 친구에게나 가족에게만 이야기하는 것을 말하는 것이 아니라, 공공의 장소에서 자신이 읽은 감상문을 발표하고 그 견해를 듣는 것으로서 우리가 쉽게 접할 수 있는 라디오, TV, 인터넷 등에 책을 소개하고 자신의 감상을 이야기하는 사람들을 말합니다. 이 경우 저널리스트가 범할 수 있는 오류를 수정할 수 있는 이유는 바로 비판 때문입니다. 내가 아무리 옳다고 생각되는 것도 공공의 장소에서 이야기하려고 하면 일단 자기 검열을 하게 되어 있습니다. 그래서 남들이 생각하기에 이것은 너무 나간다고 생각되는 정보를 일단 제거하고 발표를 하기 때문이지요. 그러고 나서 발표한 내용조차도 다른 사람들의 평가를 받으면서 다듬어지기 때문에 실질적으로 자기 생각으로 끝나는 것이 아니라 다른 사람들의 생각과 더불어서 같이 성장할 수 있는 독자가 되는 것이지요.

저 같은 경우에도 책을 10년이 넘게 소개하는 동안 혼난 적이 몇 번 있었는데, 처음에는 책 내용을 정확하게 파악을 하지 못했다고 PD한테 혼난 적이 많았습니다. 그리고 나중에는 여러 가지 이익관계가 얽혀 있는 방송국에서 생각도 하지 않고 소개를 하다가 혼난 적도 몇 번 있고요. 그래도 무사히 오랫동안 방송을 하게 되었는데 그것은 단순하게 제가 책을 소개만 해서 된 것이 아니라 여러 사람이 제 원고를 보고 다듬고 충고를 해주어서 충실하게 할 수 있었던 것입니다. 이처럼 나 혼자만의 생각으로 글을 쓴 것은 발표하기도 힘들고 발표한 후에도 자신

의 부족한 점을 찾을 수 없기에 반드시 공공에 발표하고 평가를
받아야 성장할 수 있는 디딤돌이 됩니다.

네 번째는 바로 아서입니다. 우리말로는 '작가의 단계' 라고
표현되겠죠. 책을 읽고 쓰고 발표를 하고 나서 자신만의 책을
쓰는 것입니다. 그런데 책 한 권을 읽고 발표를 하는 것과 실제
로 책을 한 권을 쓰는 것은 천지 차이입니다. 책을 오래 읽고 정
리해서 발표를 하다 보면 나도 내 책을 쓰고 싶다는 욕심이 들
기 시작합니다. 왜냐하면, 수많은 작가의 책을 보면서 내 마음
속에선 이미 그들과 같은 사람이 되고 싶다는 욕망이 자라기 시
작하기 때문입니다. 즉 내가 책을 읽고 감명을 받았듯이 다른
사람에게도 내 책에서 읽혀서 감명을 주고 싶어지기 때문이지
요. 그래서 저는 첫 책을 생각이 나는 아이디어를 단숨에 36페
이지를 쓰고, 2년 동안 다듬어서 100페이지가 넘는 책으로 만
들었습니다. 그리고 나서 막상 책을 뿌렸지만, 반응은 신통치
않았지요. 제목이 문제인지 내용인 문제인지 어쨌든 그 책에 실
망해서 저는 다시는 책을 쓰지 않으려고 했습니다.

그런데 다른 출판사의 사장님께서 제 방송을 우연히 보시고
"그 내용을 그대로 한번 책으로 내봅시다." 라고 이야기를 하서

서 두 번째 책을 쓰게 되었고. 그 책이 어느 정도 판매가 되어 다음 해에는 세 번째 책까지 쓰게 되었습니다. 졸지에 책을 세 권이나 쓴 작가가 되었지요. 세 번째 책은 두 번째 책만큼 나가지 않았지만, 마니아들이 형성되더군요.

한번은 서울에서 아가씨가 찾아와서는 내 책 같은 책을 쓰고 싶다고 이야기하고, 어느 날은 수원에서 일가족이 내 책을 읽고 찾아와 많은 이야기를 나누다가 갔습니다. 저로서는 굉장히 기분이 좋은 경험이었지요. 그런데 책을 써보지 않은 사람은 아마도 이 기분을 알 수가 없을 것입니다. 그래서 나는 그들에게 말했지요. 책을 읽는 독자로서만 끝나지 말고 자신만의 책을 써보시라고 추천을 하면서 제가 소개한 책 중에 베스트를 권해드렸습니다. 끝으로 이야기를 정리해볼까 합니다. 독자에게는 4가지 단계가 있다고 말씀드렸습니다.

첫 번째 리더 – 읽기만 하는 사람,

두 번째 저널리스트 – 읽은 것을 정리해서 적는 사람,

세 번째 프리젠터 – 읽은 것을 적고, 짧게 발표하는 사람,

네 번째 아서 – 읽은 것을 적고 발표하고, 다시 길게 발표하거나 책으로 쓰는 사람.

여러분도 단순한 리더로서 끝나지 말고 아서까지 되셔서 책 속의 기쁨을 같이 나누었으면 좋겠습니다. 물론 급하지 않게 천천히 하다 보면 어느 순간 그곳까지 가게 될 것입니다.

CHAPTER 2

리더의 3단계

라이트급 리더

미들급 리더

헤비급 리더

종이책은 딱 내가 원하는 정보만 들어있기 때문에 헤맬 일이 없습니다.

리더의 3단계

-읽기만 하는 사람 

리더에 들어가기에 앞서서 저는 일단 종이책 독서를 권장하고 싶습니다.

종이책에는 세 가지 장점이 있습니다.

첫 번째, 종이책에는 한정된 정보가 있기 때문입니다. 즉 인터넷이나 다른 매체들의 경우에는 무한의 정보가 내가 원하지 않아도 쏟아져 나오기 때문에 뇌가 쉬지를 못해서 결국 받아들인 정보를 놓칠 수가 있습니다. 우리가 컴퓨터 앞에서 메일을 확인하러 들어갔다가 몇 시간을 낚시 뉴스에 낚여서 헤메기다 무슨 일을 하러 왔는지 잊어버리는 경우가 생기는 것입니다. 종이책은 딱 내가 원하는 정보만 들어있기 때문에 그렇게 헤맬 일이 없습니다.

두 번째, 종이책에는 일정한 방향성이 존재합니다. 이것도 마찬가지로 우리가 인터넷에서 어떤 정보를 찾다 보면 내가 좋아하는 정보에 치중되어 그 속에서 길을 잃게 됩니다. 그러나 종이책의 경우 저자가 자기 생각을 어떠한 방향으로 쓴다든지 또는 자신의 의견이 들어가 있기 때문에 그 방향을 잡을 수가 있습니다.

세 번째, 종이책은 자신의 지식을 구체화한 형태라는 사실입니다. 사실 우리가 책을 사는 가장 큰 이유는 바로 우리가 가진 지식을 실체화한 형태로 보관하고 싶기 때문입니다. 지식이란 원래 형체가 없는 것인데 책이란 그것을 현실의 세계에서 실제로 존재하는 형태로 만든 것이기 때문이지요. 게다가 내가 누군가에게 전달하고 싶은 지식 역시 글로 써서 전파하므로 종이책이란 자신의 지식 수집에 아주 중요한 역할을 하게 됩니다.

다음은 각각의 단계 속에서도 레벨이 존재한다는 것입니다. 즉 리더 속에서도 급이 다르다는 것이지요. 일단 상 · 중 · 하라고 나누어서 저는 라이트, 미들, 헤비레벨로 나누어서 이야기를 한번 해보도록 하겠습니다.

우선 리더에서 라이트급 리더에 관해서 알아보도록 하겠습니다. 제가 책을 소개하면서 가장 많이 듣는 질문이 바로 "어떻게 하면 책을 많이 읽을 수 있나요?" 였습니다. 그런데 저 자신도 돌이켜보면 책을 많이 읽을 수 있으리라는 생각을 해본 적이 없습니다. 부모님께서 제가 태어나기 전부터 서점을 하셔서 저절로 책이 많은 환경에 있다 보니 책을 읽게 된 것 뿐이겠지요. 그래서 그런지 남들이 물어보아도 잘 모르겠더라고요. 그런데 책을 소개하면서 제가 싫어하는 분야의 책들도 소개해야 하는 일들이 비일비재 하면서 책을 싫어하는 사람이 책을 읽는 방법에 대해서 깨닫게 되었습니다. 그것은 바로 쉬운 책을 읽는 것입니다.

책을 읽으면 저절로 눈이 감기고 잠이 온다시는 분들이 많으실 것입니다. 저도 제가 좋아하는 분야의 책이 아니면 졸려서 도저히 읽을 수가 없을 때가 많습니다. 그래도 베스트셀러라서 사회 분위기상 소개를 꼭 해야만 하는 책이 있을 때가 있습니다. 그래서 저는 그런 책 중에서 어린이를 위해시 니온 책이라던가 아니면 만화로 설명이 되어 있는 책으로 읽습니다. 『군주론』이나 『논어』, 『맹자』 같은 책의 경우에도 한자와 고문古文이 나와 있고 그 이야기를 해설하는 형식으로 되어 있는 책을 읽다 보면 졸려서 눈물이 나오고 읽다가 자는 경우를 몇 번 겪고 나서는 아예 어린이 책으로 바꾸어서 읽고 설명을 했습니다. 내가 이해를 못 하는데 아무리 좋은 고전인들 무슨 소용이 있겠습니까? 일단은 취미를 붙이고 재미를 느낄 수 있는 그런 책을 쉬운 책으로 골라서 읽는 것이 중요합니다.

아이들에게 어려서부터 책을 읽힐 때도 마찬가지로 쉬운 책을 수준에 맞게 읽는 습관을 들이는 것이 굉장히 중요합니다. 왜냐하면, 책이 어렵다는 인식이 어려서부터 머릿속에 박혀버리면 그 아이는 영원히 책을 가까이할 수 없습니다. 어른도 다르지 않습니다. 어려운 책은 처음에나 의지를 갖추고 읽지 나중에 되면 눈으로는 읽어도 머릿속에 남지 않아서 결국 시간 낭비만 될 뿐이기 때문이지요. 처음에 책을 읽는 사람의 경우에는 재미있고 쉬운 책으로 독서습관 자체를 들이는 것 위주로 읽되, 재미 위주의 책보다는 어려운 고전이나 역사에 관한 책 그리고 고전소설을 쉽게 쓴 만화나 어린이 책 위주로 보는 것이 좋습니다. 물론 책을 많이 읽는 사람들의 경우에도 자신의 전문 분야가 아닐 경우에는 이런 식으로 자신의 책의 범위를 넓히는 것이 좋다고 생각합니다.

　두 번째로 중간인 미들급 리더에 관해서 간단하게 말씀을 드리자면 일반적인 책을 읽는 사람, 주로 자신이 좋아하는 분야의 책이나 베스트셀러를 읽는 사람들을 말합니다.

　이런 분들은 이렇게 질문을 많이 합니다. "어떻게 하면 재미있는 책을 많이 읽을 수 있을까요?" 라고 말이죠. 저는 "그냥 많이 읽는 수밖에 없습니다." 라고 이야기를 합니다. 그러고 나서 조금 더 생각해보니 재미있는 책을 읽는 방법이 다독 이외에 몇 가지 방법이 더 있더군요.

　우선 가장 먼저 해야 할 일은 내 독서 취향을 파악하는 것입니다. 재미는 알지만 내가 알고자 하는 것이 무엇인지 모르는 경우 어떤 책을 읽어야지 좋을지 모를 경우가 많습니다. 저 같은 경우에도 저 자신이 사회경제, 심리학 등에 관심이 많아서 그런 분야의 책에 푹 빠져서 책을 읽었습니다. 그런데 어느 순간 깊게 들어가지 못하고 겉돌기 시작하더군요. 왜냐하면, 전문적인 지식은 너무 어렵고 그렇다고 쉽게 쓴 책들의 경우에는 다 그렇고 그런 비슷한 내용이었기 때문이었습니다. 예를 들어 심리학에 관한 책이라면 협상에서부터 개인, 사회 심리학에 관한 책은 대부분 읽고 나서 보면 그 외의 나온 개인들이 쓴 책들의 경우 비슷한 책의 내용을 쉽게 편집한 것이 대부분이었습니다.

결국, 그 책들의 원류가 나오는 책들을 찾아서 읽게 되면서 제가 가진 지식의 방향을 잡을 수 있었고, 그다음에 제가 재미를 느낄 수 있는 책들을 읽을 수가 있었습니다.

많은 책 중에는 소개광고나 댓글 등이 많습니다. 인터넷을 하거나, 신문을 읽거나, TV를 볼 때 항상 책에 관한 광고나 책 소개가 나올 때가 많습니다. 물론 그런 것들은 대부분의 경우 그 출판사가 자신들의 책을 소개하기 위해서 광고를 하는 것이지만 그곳에서 현재 책의 트랜드와 내용 등을 파악해서 자신이 원하는 책인지 확인할 수가 있습니다. 즉 한 권의 재미있는 책을 읽기 위해선 수많은 책의 광고와 소개를 봄으로써 자신에게 맞는 책을 찾는 능력을 갖추어야만 한다는 것이지요.

가장 좋은 방법은 역시 직접 서점에 가서 자신이 책을 조금씩 읽어서 판단하는 것입니다. 그중에선 베스트셀러부터 읽는 것이 좋습니다. 서점에선 이런 말이 있습니다. '좋은 책이 많이 나가는 것은 아니지만, 많이 나가는 책은 좋은 책이다.' 라고 말이죠. 여기서 좋은 책이란 서점의 이익에 도움이 되는 것도 사실이지만 사람들은 바보가 아니므로 자신들에게 이익이 되지 않는 책의 경우에는 많은 사람이 사서 보지 않기 때문입니다. 일단은 남들이 많이 보는 책을 한번 읽어보되 내게 맞지 않으면 사지 않으면 되는 것입니다. 서점 대부분의 단행본 경우에는 오픈이 되어 있기 때문에 읽어보시면 판단할 수 있기 때문입니다.

그리고 앞에서 말한 것처럼 쉬운 책에서 자신의 취향에 맞는 책에 이르기까지 수많은 책을 조금씩 읽어봄으로써 자신만의 책의 세계를 구축하면서 책을 즐기는 단계에 이를 수 있게 됩니다. 그리고 헤비급 리더의 길로서 들어서게 됩니다.

헤비급 리더 — 자신만의 독서세계 구축

이번에는 리더의 마지막 단계인 헤비급 리더에 관해서 알아보도록 하겠습니다.

헤비급 리더에 대해서는 무슨 평가나 이야기를 하기보다는 스타일에 대해 말씀을 드리겠습니다. 헤비급 리더의 경우 제가 서점을 하면서 여러 분을 알고 있습니다. 그중에 한 분이 여자 분이신데 저희 서점의 최고 단골입니다. 한 달에 100만 원 어치씩 3년째 구매를 하시는 분이 있습니다. 엄청나지요. 그분의 경우에는 자신의 아이에게 책을 읽히기 위해서 전집에서부터 일반 단행본까지 아이와 같이 책을 읽다 보니 헤비급 리더가 된 사례입니다.

처음부터 책을 많이 읽는 분들도 계시지만, 아이를 위해서 책을 읽히려고 같이 읽다 보니 넓은 책의 세계를 만나게 되고 자신도 같이 동화가 되어서 헤비급 리더가 되는 경우가 있습니다. 이 경우에는 전문적인 책을 많이 읽는 것보다는 넓은 독서를 통해서 세계관을 구축하고 장르별로 이야기를 만듦으로써 자신만의 독서관과 세계관을 가질 수 있습니다. 가장 좋은 것은 자신이 읽음으로써 아이가 책을 읽게 하는 습관을 갖게 되면서 책을 읽는 집안으로 만들 수 있는 장점이 있습니다.

두 번째 경우도 있습니다. 나이가 많이 드신 남자분입니다. 그분의 경우에는 자신이 좋아하는 소설의 종류가 정해져 있지만, 처세에서부터 소설 그리고 여행 책에 이르기까지 장르를 가르지 않고 읽으시는 분입니다. 그분의 경우에는 제가 추천해드리기가 힘들 정도로 엄청난 장르를 소화하고 계셔서 감히 나서기가 힘들 정도입니다.

이분의 경우에는 책 자체를 좋아하셔서서 어려서부터 서점을 많이 다니셨다고 합니다. 그리고 영화나 다른 오락보다도 책에서 얻을 수 있는 상상력이나 정보의 양이 훨씬 크고 방대하며 정확하다는 사실을 알고 있기 때문에 이런 식의 정보를 확장하는 습관을 지니게 되었다고 합니다. 저도 약간 활자 중독이지만 이런 분들의 경우에는 활자 중독 증세가 있어 읽을 것이 없으면 조금 불안해지는 경향을 보일 수가 있습니다만 어떤 주제나 어떤 경우에서도 자신의 지식의 방향을 잃지 않으며 어떤 일을 하더라도 그 증거를 찾을 수 있는 능력을 지니게 된다고 합니다.

세 번째의 경우 심리학, 뇌과학, 사회학 쪽에 관심이 많으신 남자분입니다. 즉 전문적인 지식에 빠져 계신 분이지요. 그래서 자신이 생각하는 세계관을 확장하는 형태로 독서를 하는 것입니다. 인간이란 무엇이며, 그 인간들이 구성하는 사회란 어떤 것이고, 사회들이 모여서 만들어진 세계란 무엇인지 깊게 생각하게 되고 그 생각을 통해서 자신만의 이론을 만들어 가게 됩니다. 이런 분들의 경우에는 어려서부터 호기심이 많고 궁금한 것이 많아서 그것들에 대한 대답을 찾고자 책을 찾는 경우가 많습니다. 어려서는 호기심이 나중에는 아는 것이 많은 어른을 만들게 되어 있습니다. 책 속에서 길을 찾고자 하는 분이라고 할 수 있습니다.

마지막으로 저와 같은 사례를 말하고 싶습니다. 저는 11년이 넘는 시간 동안 책을 소개해 왔습니다. 그러다 보니 하고 싶은 책 위주로 많이 하다가 혼이 많이 났고요. 제가 싫어하는 책을 읽으려고 노력하다 보니 새로운 세계에 눈도 뜨게 되었습니다. 그리고 비슷한 책을 여러 번 소개하다가 그것에 대한 새로운 정보까지 알게 된 경우도 있습니다. 저처럼 누군가에게 소개하다가 헤비급 리더가 된 사람도 있습니다. 그런데 이렇게 책을 읽나 보면 어느 순간 내가 누군가에게 내가 아는 것을 이야기하고 싶고 더 나아가서는 책까지 쓰고 싶어지게 됩니다. 그래서 저는 라디오, TV, 신문 등에 소개했으며, 그것들을 모아서 책까지 쓰게 되었던 것입니다. 아마 책을 많이 읽는 분들은 그런 꿈을 가지고 있으리라 생각을 합니다.

이 장에서는 독서 하는 첫 번째 단계, 리더에 대해서 알아보았습니다. 리더도 세 단계로 나누어서 생각할 수가 있는데 첫 번째는 우선 독서의 세계에 입문하는 단계, 두 번째는 베스트셀러나 자신의 취향을 찾는 단계, 세 번째는 대량의 독서를 통해서 자신만의 독서 세계를 갖는 경우를 알아보았습니다. 그런데 이런 독서만 하는 리더의 경우에는 책을 읽고 나서 덮으면 잊어버려서 독서를 하는 효율이 떨어지고 더 나아가서 읽은 내용을 적용하지 못해 문제점이 많이 발생합니다. 그래서 다음 장 저널 리스트 편에서 책을 어떻게 정리하는지에 대해서 알려드리도록 하겠습니다.

CHAPTER 3

저널 리스트의 3단계

라이트급 저널리스트
미들급 저널리스트
헤비급 저널리스트

글은 얼마나 많이 쓰고 또 어떤 이야기를 쓰느냐로 나뉜다.

저널리스트의 3단계

-읽은 책을 정리해서 적는 사람

이번에는 읽은 내용을 적는 저널리스트에 관해서 이야기를 드리도록 하겠습니다. 원래 독후감을 북 저널이라고 하므로 이 이름을 붙여 보았습니다. 우선 저널리스트에게도 급수가 있습니다. 앞에서와 마찬가지로 라이트, 미들, 헤비급으로 나눌 수가 있는데요. 글을 얼마나 많이 쓰고 또 어떤 이야기를 쓰느냐로 나누는 것입니다.

라이트급 저널리스트 — 간단한 내용정리 수준

우선 라이트급 저널리스트에선 가장 중요한 것은 바로 일단 적는 습관을 들이는 데 있습니다. 어떤 일을 하든지 가장 처음에 하는 일이 가장 힘든 법인데 책을 읽은 것을 적는 습관이 들지 않은 사람의 경우에는 적는다는 게 그렇게 귀찮고 힘들 수가 없습니다. 무엇보다도 적어야 하는 목적의식이 없으므로 더더욱 힘들고 귀찮을 수가 없지요. 그래서 일단 내가 읽은 책을 간단하게 정리한다는 생각으로 하는 것이 중요합니다. 어린아이들 독후감을 보면 우선 적는 형태로 오늘의 읽은 책의 제목, 저자, 출판사 등을 쓰고 대략의 내용을 적습니다. 그리고 간단하게나마 책 속에서 기억이 나는 내용이나 깨달은 바를 적으면 책을 읽고서 그 속의 내용을 더욱 오래 기억하게 되어 내 인생에서 조금 더 많이 적용할 수 있게 된다는 것입니다.

예를 들어 『마시멜로 이야기』를 보았다고 생각해봅시다. 내용을 간단하게 소개하면 백만장자가 자신의 운전기사에게 마시멜로 실험을 어린이들에게 한 것을 들려주면서 '먹을 것을 보고 참는 아이가 나중에 더 큰 인물이 될 수 있다' 는 이야기를 해주어 운전기사가 자신의 인내심을 키워 훌륭한 인물이 될 수 있도록 도와준다는 이야기입니다. 이처럼 내가 읽은 책을 간단하게 요약해서 적는 것을 바로 라이트급 저널이라고 합니다. 물론 여기에는 저자와 출판사 등을 같이 적어 기록함으로써 자신이 어떤 책을 읽었고 어떤 내용인지를 알 수 있도록 독서록을 유지하는 부분이 필요합니다. 그래서 책을 보관하는 것보다도 훨씬 더 유용한 정보를 만들 수가 있지요. 그런데 문제는 이런 식으로 내용만 간단하게 저장해서는 그때 당시의 내가 받은 감동이나 느낌, 혹은 어떻게 해야 하겠다는 미래형의 감상이 들어가지 않으면 사실 감상문의 기능이 떨어질 수밖에 없습니다. 그러나 자신이 읽은 책을 시도한 사람이라면 정확하게 기억하고 기록하는 것으로 시작하는 것이 좋습니다.

미들급 저널리스트 ─ 내용정리 ＋ 자신의 감상평

두 번째로 미들급 저널리스트의 글쓰기 방법에 대해서 알아보도록 하겠습니다. 이 경우 우선 책 내용의 정리 부분에서는 같습니다. 그러나 여기에 자신의 감상이나 느낌이 추가된다는 부분이 다릅니다. 책을 읽고 쓰는 글 3분의 1일에서 절반 정도까지 자신의 감상을 적는 것이지요. 만약 내가 책을 읽었는데 그 책에서 감동했다고 생각을 해봅시다. 그 감동을 적게 되면 평생을 잊을 수 없는 글로 남게 됩니다.

제 인생에 그런 책이 있습니다. 저 같은 경우 가장 먼저 제가 자발적으로 감상을 적은 책이 바로 헤르만 헤세의 『데미안』이 있습니다. 친구의 권유로 읽기 시작을 했는데 그 책을 끝까지 읽을 때까지 손에서 놓을 수가 없었습니다. 왜 그렇게 빠져들었는지는 아직도 이해가 되지 않는데 그래서 단숨에 같이 붙어 있는 『싯다르타』까지 읽었습니다. 어쨌든 그 책을 읽고 나서 그 책의 내용이 너무나도 마음속에 와 닿아 손에 펜을 들고 종이에 나만의 글로 가득 차게 내용과 감상평을 적어 내려갔습니다. 우선 간단한 내용은 주인공은 데미안이 아니라 싱클레어고, 싱클레어가 평생을 데미안이라고 하는 선망의 대상을 따라서 사는 인생의 이야기를 담고 있는데 그곳에서 느낌 감정이 마치 실제로 느낀 것만 같아서 그 감정을 살려 글로 절반 이상 적었습니다. 그러고 나서 한참 동안 잊고 있었습니다. 세월이 흘러 대학을 졸업하고 군대에 가기 전에 짐을 정리하다가 그 종이를 발견하게 되었습니다.

그 글을 다시 읽는 순간 책을 읽었던 그때의 감정과 느낌이 살아나는 것을 알 수가 있었습니다. 그래서 지금도 그 책의 내용을 잊어버리지 못하고 누군가가 일생의 책 한 권을 뽑으라면 고전 중에선 『데미안』을 뽑아서 이야기합니다. 이처럼 감상문은 단순하게 내가 책을 읽고 정리해 놓고 잊어버리는 글이 아니라 책을 읽었을 당시의 내 감정과 느낌을 담고 있는 타임캡슐과도 같은 존재가 됩니다. 게다가 재미있는 사실은 그때의 책을 다시 읽었을 때 전혀 다른 내 관점이 존재한다는 사실을 알게 된다는 것입니다. 그때는 그렇게 가슴이 아프게 와 닿았던 이야기들이 지금은 무덤덤한 인생의 이야기가 되어 '원래 인생은 그런 거야.' 라는 생각을 하게 됩니다. 과거의 나와 지금의 나를 다시 한 번 생각하는 계기가 되지요.

미들급 저널리스트에게서 중요한 것은 바로 정리와 감상입니다. 여기선 두 가지를 모두 중요하게 생각하고 자신의 솔직한 감정을 담아서 이야기하는 것이 포인트가 되겠습니다. 그리고 아직은 남들에게 발표하는 글이 아니므로 굉장히 개인적인 감상에 치중해서 이야기를 쓰는 것이 좋습니다.

세 번째 헤비급 저널리스트에 관해서 알아보도록 하겠습니다. 이 경우 내용을 거의 생략합니다. 그리고 그 내용에 나온 자신의 감상이나 비평을 위주로 이야기를 전개합니다. 앞에서 예를 들었던 책들을 가지고 다시 한 번 이야기를 해보도록 하겠습니다. 라이트급에서 『마시멜로 이야기』를 예를 들었는데 앞에선 내용을 정리하는 위주로 설명했지만 여기선 일단 내용은 뺍니다. 넣는다 하더라도 마시멜로를 먹는 정도만 이야기하지요. 그리고 그다음서부터는 자신의 감상을 이야기하고 비평을 합니다. 즉 이런 식으로 말이죠.

"책 속에선 마시멜로를 어린아이들에게 실험한다. 즉 기다리면 한 개를 더 먹을 수 있다고 해서 기다린 아이들과 그냥 먹어버린 아이들의 경우 나중에 컸을 때 먹지 않고 기다린 아이들이 훨씬 더 성공했다고 한다. 내가 만약에 그런 경우였다면 나는 아마도 먹지 않았을까? 아마도 대부분의 아이가 먹었으리라 판단한다. 그래서 성공하는 사람의 숫자가 적은 것이 아닐까? 그렇다면 애초에 성공은 정해진 것으로 생각할 수도 있을 테지만 저자는 거기에서 다른 이야기를 하고 있다. 즉 훈련을 통해서 마시멜로를 먹지 않으면 된다는 것이다. 아마도 이 마시멜로는 우리의 욕망을 말하는 것이다. 즉 욕망을 좇지 않으면 우리는 더 좋은 것을 얻을 수가 있지만, 눈앞에 욕망에 빠졌을 때 우리는 하루하루 욕구에 빠져 벗어날 수 없는 수렁에 빠지게 된다는 것이다. 그렇다면 우리는 어떻게 해야 할까? 일단 우리를 유혹하는 마시멜로가 무엇인지 아는 것이 우선순위가 아닐까 싶다. 그리고 그 마시멜로를 참는 법을 알아야만 할 것이다."라고 말이죠.

책 속에서 자신이 보고 싶은 이야기에 집중해서 그 이야기를 간단하게 정리하거나 그 이야기에 대한 생각이나 감상을 적는 것이 중요합니다. 그래서 그 책 전부를 이야기하는 것보다 부분에 그리고 감상에 충실하고 더 나아가서 전혀 다른 관점에서 책을 비판할 수도 있어야 하지요. 책에 나온 말들이 전부 진리가 아니기 때문입니다. 그래서 비판적이 관점의 이야기도 가능해야 하며 그 속에 나와 있는 이야기들의 진실에 대해서도 알아보는 이야기를 적어볼 수도 있습니다.

예를 들어 〈실제로 마시멜로 실험이 존재하기는 했는가? 그렇다면 그 실험을 제대로 진행했는가? 그리고 어떻게 그 아이들을 10년씩 쫓아다니면서 관찰을 할 수 있었는가?〉 등 자신이 궁금한 사항이나 가능 불가능 등을 따져서 그 책을 전혀 다른 관점에서 분석해 관찰하는 이야기를 쓸 수가 있어야 합니다. 즉 남들이 써놓은 이야기를 그냥 옮겨 놓는 것이나, 단순한 감상을 적은 것이 아니라 비판과 관점을 변화시키는 능력이 필요하다는 것이지요.

저널리스트 정리

끝으로 저널리스트 단계를 다시 한 번 정리해 보겠습니다.

라이트급에선 일단 적는 것부터 시작해야 하며 책을 읽은 내용을 정확하게 적는 것이 중요합니다. 이것은 지식을 확립하는 단계이기 때문입니다.

미들급에선 중요한 것이 내용의 정리와 자신의 감정을 담아서 이야기를 적는 것입니다. 내가 그 책을 읽었을 때의 생각과 느낌 감정 등을 자세하게 담는 쓰기가 필요하지요.

헤비급에선 내용이 중요한 것이 아니라 내가 그 책을 어떻게 읽었는지 관점과 생각 그리고 비판 등을 담아서 적는 것이 중요합니다. 이렇게 책을 읽어야 제대로 된 자신의 관점에서의 책 읽기가 가능해집니다.

여기까지도 아직 개인적인 글쓰기에 한정이 되어 있기 때문에 그 관점이 협소하고 다룰 수 있는 책의 양이 적을 수밖에 없습니다. 남들에게 발표하는 글을 쓰는 법으로 발전하는 것이 중요합니다. 그래서 다음 장에서 다룰 프레젠터의 단계가 필요한 것입니다.

CHAPTER 4

프리젠터의 3단계

라이트급 프리젠터
미들급 프리젠터
헤비급 프리젠터

내가 아는 범위에서 글을 쓰는 것이 좋다.

제가 프리젠터라고 영어로 이름을 붙이기는 했습니다만 쉽게 우리말로 하면 독서 발표자 정도가 좋을 것 같습니다. 여기선 우선 책을 읽은 것을 남들에게 발표하는 부분입니다. 인터넷, TV, 라디오, 신문 등에 글을 올리거나 발표를 하는 방법을 알려드릴 텐데 이 부분을 들어가기 전에 반드시 알고 들어가야 하는 전제조건 3가지가 있습니다.

프리젠터 주의 사항 – 사실확인, 사회적 무리 고려, 책임.

첫 번째 사실이 확인된 이야기만 해야 한다.
두 번째 사회적인 무리가 없을 만한 내용으로 해야 한다.
세 번째 발표한 내용을 내가 책임질 수 있어야 한다.

첫 번째로 사실이 확인된 내용을 발표해야 한다는 것은 책 속의 내용이라고 해서 혹은 내가 어디에서 읽어본 내용이라고 해서 무조건 써서는 안 된다는 것입니다. 책 속의 내용이 잘못되었을 수도 있고 그 내용을 내가 곡해해서 판단할 수 있기 때문입니다. 하다못해 책 속의 댓글을 달더라도 그 글이 정말로 사실인지 다시 한 번 확인을 한 후에 쓰는 것이 중요합니다. 남들이 읽을 수 있는 글의 경우에는 남에게 피해를 줄 수도 내게 피해가 될 수 있기 때문에 반드시 보이기 전에 사실 확인은 기본 중의 기본이라고 할 수 있습니다.

두 번째로 사회적인 무리가 없을 만한 내용으로 해야만 합니다. 내가 책 속에서 충격적인 이야기를 봤다고 생각해 봅시다. 그 내용이 사실이고, 근거가 확실하고, 확인되었다면, 그래서 만약 그 사실이 일반사람들이 알면 충격을 받게 된다면 그 사실을 내가 책 속에서 읽었는데 사실이더라고 만나는 사람마다 이야기해야만 하는 경우가 생깁니다. 그러다 보면 아무리 진실이라고 할지라도 사람들이 이상한 눈으로 보게 되는 경우가 있습니다. 예를 들면 현재 이 세상을 인간이 지배하고 있다고 생각하고 있지만 사실상 곤충이 지배하고 있다고 보는 게 생물학적으로는 맞는다고 합니다. 왜냐하면, 바퀴벌레 같은 경우에는 공룡이 지배하던 시대에서 현재까지 살고 있으며 아마도 인간이 멸망한 뒤에도 살아남을 것이고 그 숫자 역시 인간보다 훨씬 더 많기 때문입니다. 그런데 이런 이야기를 내가 전문가도 아닌데 길게 해봐야 소용이 없게 됩니다. 그래서 세 번째 내용이 필요합니다.

세 번째는 내가 적은 내용에 대해서 내가 책임을 질 수 있어야만 합니다. 많은 인터넷 매체에 올라오는 악성 댓글들의 경우, 만약 내가 책임을 져야 한다면 그런 글 자체를 쓰지 않겠지요. 내가 책을 읽고 그 감상을 발표할 때도 마찬가지입니다. 글은 사실이고 무리가 없을 만한 내용으로 써야 하지만 무리가 가더라도 내가 그 글에 대해서 책임을 질 수 있다면 쓰면 됩니다. 또 내가 곤충학자였다면 앞에서 말한 곤충이 현재 세계를 지배하고 있다는 말을 하더라고 충분히 사람들이 인정하겠지요. 하지만 그 부분에 대해서 충분한 권위가 없는 사람이 아무리 이야기를 해도 받아들여지지 않습니다. 즉 내가 아는 범위에서 글을 쓰는 것이 좋다는 것입니다.

일단 이 세 가지만 확립되었다면 책을 읽고 발표할 때 어떤 글을 쓰더라도 별문제는 없을 것입니다. 그럼 여기서도 세 가지로 나누어서 프레젠터의 단계를 나누도록 하겠습니다.

전에는 글을 읽는 양이나 쓰는 단계로 나누었지만 프레젠터에선 전혀 다른 구분이 들어가게 됩니다. 그것은 바로 무슨 매체에 발표하느냐에 따라서 달라진다는 것입니다.

첫 번째 단계는 라이트급 프레젠터입니다.

라이트급 프레젠터의 경우에는 댓글을 다는 정도에서부터 시작합니다. 그러다가 어떤 책의 감상평을 올리는 정도까지 생각하시면 될 것 같습니다. 예를 들어 신문의 '잠깐 독자 감상평'란 이든지 아니면 잡지 같은 곳에 '편지글' 같은 것을 올리는 것을 말하는 것입니다. 평소에 생각했던 일이라든지 아니면 좋은 책을 읽어서 알게 된 이야기라든지 기회가 되어 올리게 되는 데, 뜻밖에 이런 식으로 글을 쓰기 시작해서 글 쓰는 재미를 알게 되신 분들이 많습니다. 한 예로 『고도원의 아침편지』와 같은 경우에도 지인들에게 자신이 읽은 좋은 글이나 생각들을 보내다가 그 수가 점점 늘어나 나중에는 컴퓨터회사에 서버를 임대해 사업해야 할 만큼 커지게 된 것입니다.

이 경우처럼 시작이 절반이기 때문에 누군가에게 자신의 감상평을 알리는 것부터 시작하는 게 가장 중요합니다. 앞의 과정인 저널리스트 중에서 처음에는 라이트급으로 내용만 정리하는 형태보다는 미들급이나 헤비급 저널로 올라가는 것이 좋습니다. 내 생각 느낌 등을 이야기하는 것이지요. 원래 발표된 글들은 이런 식의 비평과 감상을 받으면 작가는 그들의 생각을 수용해서 자신의 작품세계를 변형시키게 되는 것입니다. 그래서 누군가에서 비평하고 평가를 하는 것 자체가 그들의 책에 영향을 미친다는 사실을 알고 자신이 원하는 방향이나 느낌을 그대로 적는 것이 아주 중요합니다.

공공의 장소에서 글쓰기가 시작되면 여러 가지로 고려할 것이 있는데 먼저 앞에서 말한 세 가지 전제조건 사실확인, 사회적 무리 고려, 책임질 수 있는 내용인지 확인한 후 올려야만 합니다. 글을 올린 다음에는 반드시 댓글을 확인하는 것이 좋습니다. 운이 좋으면 작가의 댓글이 달릴 수도 있으며, 운이 나쁘면 다른 사람들의 공격으로 마음에 상처를 입을 수도 있습니다. 저도 나름 댓글을 많이 다는 편인데 댓글을 많이 달면 뜻밖에 댓글에 댓글을 다는 분들도 있습니다. 그중에 꼭 좋은 내용만 있는 것도 아니죠. 어쨌든 이런 식으로 글을 시작하면 점점 자신이 의견과 생각을 더 넣어서 이야기를 진행하고 싶은 욕심이 생겨나기 시작합니다.

앞에서 말한 댓글 달기의 형식으로는 그 횟수나 빈도가 낮고 감상이 주류를 이루다 보니 그 글의 깊이나 다양성의 폭이 넓지 못한 경우가 많습니다. 즉 남이 공감하기 힘들 때가 많다는 것이지요. 그래서 나 자신의 표현을 더 하기 위해서 자신만의 인터넷 사이트, 블로그, 동영상 등을 주기적으로 올리는 사람들을 말합니다. 이 경우 공공의 영역인 인터넷에 올리기는 하지만 많은 사람이 찾아주지는 않지요. 그러나 자신만의 의견이나 생각을 자유롭게 표현할 수가 있어서 그 글들이 깊이가 깊고, 다른 사람들이 이해하기가 쉬운 내용 소개를 잘할 수 있게 됩니다. 제가 아는 분 중에 이런 식으로 인터넷에 '책 소개 블로그'를 운영하시는 여자분이 있으시는데 그 이야기를 잠깐 하겠습니다.

제가 책을 내고 8개월 정도 지나서 전화 한 통이 왔습니다. 혹시 『나를 깨우쳐 준 한 권의 책』의 저자가 맞느냐고 말이죠. 그러면서 자신은 이 책을 보고 매우 좋아 서점을 찾아 전화했다고 했습니다. 그리고 언제 찾아뵈어도 되느냐고 물어보더군요. 그래서 저는 서점 언제든지 있으니 오시라고 말씀을 드렸는데, 진짜 그다음 주 일요일에 서점으로 오셨습니다. 저는 사실 예상하지 못했습니다. 유명인도 아닌데다가 자신의 시간을 쪼개서 오실 줄 정말 몰랐습니다. 그리고 자신은 책 소개 블로그를 운영하면서 '저자와의 만남'을 소개하고 있는데 인터뷰를 청했습니다. 저는 흔쾌히 대답하고 한 시간 반 정도 이야기를 나누었습니다. 그중에는 꿈은 무엇이며, 성공의 기준은 무엇이고, 책은 왜 쓰느냐 등등 많은 이야기가 오고 갔는데 그러고 나서 일주일 뒤에 메일이 왔습니다. 그 안에 자신이 운영하는 블로그에 내가 쓴 책 소개와 제가 인터뷰한 내용이 들어가 있었습니다.

그 블로그에는 자신이 지금 하는 일과 독서 그리고 저자와의 만남에 대해서 자세하게 설명이 들어 있고, 자신이 책 속에서 읽은 내용을 자세하게 정리하여 깔끔하게 올려놓았더군요. 그러면서 자신도 책을 써서 유명해지고 싶다는 자신만의 포부가 스며 들어가 있었습니다.

저는 이분을 스스로 노력하는 미들급 프레젠터라고 말씀을 드리고 싶습니다. 비록 공공의 신문이나 TV 등에 출연하지는 않으나, 꿈을 향해서 도전하고 달려가는 노력이 있기 때문이지요. 이 경우에는 자신의 의견이 무한하게 반영이 되기 때문에 자신만의 생각을 적어서 스스로 변화하려는 노력을 만드는 것이 중요합니다. 그런데 이런 식으로 계속 노력을 하다 보면 언젠가는 나름대로 달인의 경지에 이르게 되거나 파워 블로거로 이름을 알릴 수 있게 됩니다.

미들급 프레젠터는 어떤 사람일까요?

공공의 매체, 즉 TV, 라디오, 신문 등에 자신의 글을 쓰거나 자신의 의견을 말할 수 있는 사람을 말합니다. 즉 다른 사람들이 그 사람의 말에 귀를 기울일 수 있을 정도의 사회적인 위치나 능력을 갖춘 사람들이 주로 나오게 됩니다. 저 같은 경우에는 책을 소개하는 서점의 주인으로서 책을 읽고 소개하는 사람으로 출연을 10년 넘게 했지만 다른 출연자들의 경우에는 대부분 전문직 종사자들로 의사, 변호사, 세무사 등등 각각의 분야에서 뛰어나신 분들만 그런 출연의 기회를 가질 수 있었습니다. 그래서 제가 책을 읽고 정리해서 소개하면 자신의 분야에 상관없이 그런 출연의 기회를 가질 수 있기에 책을 읽고 정리하고 발표를 하라고 말씀을 드리는 것입니다.

이제 책을 소개하는 방법에 대해서 알아보도록 합시다. 우선 책을 소개하는 방법에는 책 자체를 소개하는 방법뿐만 아니라 여러 가지 기술들이 필요한데 어떤 매체 혹은 어떤 상황에서 소개하느냐에 따라서 많이 달라지기 때문입니다. 사실 여기선 책을 소개하는 법이 책의 내용보다 훨씬 더 중요합니다.

우선 책을 소개하는 매체들에 대해서 알아보도록 합시다.

우선 첫 번째로 가장 먼저 떠오르는 매체는 바로 TV입니다. 사람들 앞에서 이야기할 때 가장 파괴력이 강하나 출현하기는 힘들지요. 그만큼 많은 준비와 연습이 필요합니다.

두 번째는 바로 라디오인데, 일반적으로 TV가 가장 대중적인 매체라고 알고 있지만 사실 라디오가 훨씬 더 대중적인 매체란 사실을 경험을 통해 알게 되었습니다. 그 이유는 대부분 사람은 일하거나 온종일 공부를 하고 있기 때문에 실질적으로 TV를 보는 시간보다도 라디오를 듣는 시간이 많기 때문이지요.

세 번째의 경우는 신문, 잡지, 인터넷 매체인데, 이 경우 순전히 글로만 승부를 보아야만 하므로 글을 쓰고 다듬는데 많은 노력을 해야만 합니다. 게다가 사람들이 깊게 이해를 해주는 매체기 때문에 마니아층을 만들 수 있습니다.

우선 TV에서 책을 소개하는 법부터 먼저 알려드리도록 하겠습니다. 혹시 TV 출연 경험이 있으신가요? 안 해본 사람은 절대로 모르는 그 기분을 알려드리겠습니다. 처음 카메라 앞에 서면 정신이 하나도 없고 무슨 말을 해야 할지 머릿속이 하얗게 되는 경험을 하게 됩니다. 마치 커다란 거인의 눈이 나를 쳐다보고 실수를 하면 꼭 잡아먹을 것만 같은 기분이 듭니다. 그래서 자꾸 실수하게 됩니다. 사실 처음 방송한 화면이 아직도 유튜브에서 나오고 있는데 그 몇 분 안 되는 시간을 촬영하기 위해서 한 시간 이상을 계속 커트하면서 촬영했던 기억이 납니다.

우선 카메라라는 것을 본 사람은 아주 숙달된 연예인이 아니고서는 얼어붙을 수밖에 없습니다. 일단 이 카메라 울렁증을 극복하는 것이 가장 중요하지요. 우선 카메라를 보기 전에 거울을 보고 자신의 눈을 보면서 자연스럽게 이야기하는 연습을 하는 것이 중요합니다. 일단 여기서 중요한 것은 하고자 하는 말을 자연스럽게 외워서 해야만 한다는 것입니다.

일단 카메라 앞에 서면 전혀 생각이 안 나기 때문에 내가 하고 싶은 말을 원고의 중요한 부분에 표시해 외워서 이야기해야만 합니다. 그것도 엄청나게 연습해야 누가 보더라도 자연스럽게 이야기하는 것처럼 보이게 되는 것이지요. 사실 이것은 군대 시절 관측 장교로 OP에서 브리핑 할 때 사용한 방법인데, A4지 5장 분량의 말을 쉴 새 없이 해야만 했던 당시의 기억을 재연해서 했는데 아주 효과적이었습니다. 그리고 시선의 위치가 아주 중요합니다. 눈은 항상 카메라의 렌즈를 보면서 이야기를 하는 것이 좋습니다. 그 이유는 사람이 눈을 떼는 순간 시청자들의 눈이 돌아가기 때문이지요. 사람들의 눈을 붙잡아 두기 위해선 카메라에서 눈을 떼지 않는 훈련을 하는 것이 중요합니다. 그래서 가수들이 카메라에서 눈을 떼지 못하고 항상 쳐다보고 있는 것입니다. 그러나 너무 오랫동안 한 곳만 응시하다 보면 시청자들이 부담 가기 때문에 제스처를 취하면서 자연스럽게 눈을 떼고 설명을 하는 훈련을 하는 것이 중요합니다. 일단 거기까지는 많은 경험이 있어야 가능해지므로 우선은 시선을 고정하고 말을 자연스럽게 하는 훈련을 하는 것이 중요합니다.

또한, TV에서 가장 중요한 것은 바로 내가 어떻게 보이느냐가 굉장히 중요합니다. 어떤 책을 소개하느냐에 따라서 차림새가 달라져야만 한다는 것이지요. 그러나 항상 단정하고 사람들에게 무엇인가 알려주려고 준비가 되었다는 느낌을 풍기기 위해서는 많은 투자가 필요합니다. 머리 모양이나 옷은 어떤 상표로 준비할지 항상 마음에 두고 있어야만 한다는 것입니다 .

예를 들어 제가 책을 소개하면서 있었던 에피소드 한 가지를 말씀드리도록 하겠습니다. 서점 건물이 5층인데, 3층의 소아청소년과에서 수도관이 파열되어 2층을 거쳐서 1층까지 물바다가 된 경우가 있었습니다. 물을 치우다 보니 새벽이 가고 아침이 되었습니다. 촬영이 예정되어 있던 터라 어쩔 수 없이 대충 챙겨서 촬영을 나갔습니다. 준비할 시간적 여유가 전혀 없었기 때문이지요. 그때 화면이 아직도 인터넷에 떠 있습니다. "머리 모양이 그게 뭐냐?, 옷은 어디서 주워 입고 왔느냐?" 등 엄청나게 많은 지적을 받았는데, 그 덕분에 내가 이야기한 책 내용을 기억하는 사람이 별로 없었습니다. 정말로 많은 준비했던 책인데 결국 시청자에게 전달되지 못한 것이지요. 이처럼 외모로 보이는 것이 전달에 큰 영향을 미친다는 사실을 몸으로 체험했습니다.

이런 훈련과 준비 이외에 어느 정도 숙달이 되면 제스처를 익혀야 하는데, 몸짓의 경우 짧은 '앞으로나란히'를 한 상태로 손을 드는 것이 기본자세입니다. 그리고 비유를 할 때 큰 이야기는 크게 작은 이야기는 작게 표현을 하고 높다 낮다, 혹은 손으로 그림을 그리면서 이야기하는 것이 좋습니다. 예를 들면 자동차 사고에 관한 책을 소개한다고 생각을 하면 『교통사고 아차차』라는 책을 예로 들면, 그 책 속에서 앞차와 뒤차가 추돌을 할 때의 상황을 손으로 표현하면서 이야기를 했는데 앞 차와 뒤의 차를 손으로 표현하고 각각 들어서 그들의 이야기를 전달하는 형태로 했지요. 그래서 이해를 돕도록 한 것입니다.

그 외에도 어떤 책에서든지 이야기를 세 가지 정도로 핵심을 줄여서 설명하고 한가지씩 설명을 할 때, 손가락을 펴서 첫 번째 이야기는…. 두 번째 이야기는…. 이런 식으로 설명하면 쉽게 이해가 가게 됩니다. 사실 이 부분은 연습하고 실전을 뛰면서 자신에게 맞는 제스처를 쌓아가야 하는데 저 같은 경우에는 거울을 보고 연습하고, 집에서 녹화하면서 자연스러움을 위해 노력을 많이 했습니다. 그리고 6개월 이상이 되었을 때 비로소 나도 남들처럼 자연스러워 보이는 제스처를 완성했기 때문에 많은 노력과 시간이 필요했지요.

두 번째 매체로는 라디오가 있습니다. 라디오는 TV의 경우처럼 외모가 보이지 않기 때문에 가장 중요한 것이 바로 원고와 목소리입니다. 원고를 얼마나 철저하게 준비해 가느냐에 따라서 그 반응이 결정되기 때문인데요. 우선 원고를 어떻게 준비하는 게 좋을까요? 가장 많이 하는 경우가 그 프로그램의 MC가 묻고 내가 답을 하는 경우였습니다. 또 한 가지 경우는 혼자서 프로그램을 진행하는 경우인데 이 경우는 목소리만 가지고 진행을 하므로 굉장히 힘듭니다. 저 같은 경우에도 오랫동안 같이 진행하다가 혼자 해도 될 것 같다고 해서 시작했으나 한 달 만에 라디오에서 하차한 경우가 있습니다. 이건 정말로 아나운서나 성우급 능력이 아니고선 못할 것 같았지요. 그러나 지금은 TV에서 단독으로 소개하고 있습니다. 어쨌든 둘이 같이 진행할 경우에는 혼자만의 원고를 작성해선 절대로 안 됩니다.

원고는 마치 희곡처럼 질문하는 사람 것이 따로 있고, 본인의 답변이 달려 있어야만 합니다. 개인적인 경험에 의하면 프로그램 MC들의 경우 한 시간 이상을 혼자서 말을 해야만 하므로 자신들이 묻는 짧은 질문을 선호하고 출연자가 대답이 긴 것을 좋아합니다. 그래야만 쉴 수 있는 시간이 길어지기 때문이지요. 그래서 원고를 작성할 때 이런 방식으로 하는 것이 좋습니다. 우선 책 제목을 소개하고, 책의 내용을 간략하게 소개를 하고, 내용 중에 기억에 남는 부분이나 중요 내용을 3가지 정도로 압축해서 이야기와 사례를 들어 설명하면 7분에서 10분 정도의 시간을 보낼 수 있습니다. 물론 원고를 작성한 다음에 한 번 이상 연습을 해서 시간을 측정하는 것이 아주 중요합니다.

직접 읽다 보면 발음이 안 되거나 표현이 어색한 것들을 알 수가 있기 때문이지요. 꼭 담당 PD나 MC에게 보내어 검사를 받고 나서 방송을 해야만 합니다. 그러면서 생각지도 못한 질문 들이나 답변을 작성해서 넣는 것이 좋습니다. 그런데 생방송을 하다 보면 생각지도 못한 애드리브를 받거나 대답을 할 때가 있 는데, 이런 경우를 대비해서 원고에 작성되지 않은 여분의 이야 기들도 준비해 가는 과정이 필요합니다.

세 번째로는 신문, 잡지, 인터넷매체에 글을 올리는 경우입 니다. 책을 소개하는 글을 올리는 경우를 인터넷에서 그냥 댓 글 다는 정도로 생각하시는 분들이 많겠지만 사실 책 자체를 소개하는 글을 쓰는 것은 상당한 부담이 됩니다. 우선 앞에 있 는 매체들의 경우에는 말이기 때문에 실수할 수도 있고 지나가 면 잊히지만 글 같은 경우에도 오타나 잘못된 표현이 들어가 있는 경우 계속해서 남아 있기 때문에 굉장한 주의를 요하기 때문이지요.

예를 들어 방송하다 보면 생각지도 못하게 격한 표현이나 속 된 표현을 쓸 때가 있는데, 말을 하다 보니 원래 쓰던 말이 생각 지도 않게 나올 때가 있기 때문이지요. 그러나 신문이나 잡지에 서는 조금이라도 그런 표현을 쓰면 안 됩니다. 따라서 이런 곳 에 글을 올릴 때는 우선 글을 쓰고 나서 확인 또 확인하는 것이 중요합니다. 사실상 신문이나 잡지 같은 경우에는 TV나 라디오만큼의 파괴력은 없습니다. 그러나 기록이 남는다는 것입니다. 장·단점도 존재하는데 가장 좋은 장점은 바로 글을 모으면 바로 책으로 낼 수 있다는 점입니다. 일단 한 권 한 권의 책을 일주일 정도 고심을 해서 또 오타를 확인해서 낸 것이기 때문에 일주일에 2권씩 소개한다고 했을 때 일 년이면 104권을 소개할 수 있고 그중에서 50권 정도면 책으로 정리해서 내 생각을 덧붙이면 멋있는 책 소개집이 될 수 있기 때문입니다. 그럼 이렇게 글로 올리는 매체는 어떤 식으로 원고를 작성하는 것이 좋을까요?

가장 중요한 것은 바로 내가 내는 매체의 성격에 맞는 책을 소개해야만 하고 또한 책을 소개하는 스타일 역시 맞추어 주어야 한다는 것입니다. 예를 들어 『교차로』 같은 생활정보지의 경우 생활의 지혜, 상식, 혹은 베스트셀러를 소개하면 아주 좋아합니다. 그리고 『예술이 흐르는 강』 같은 예술 잡지의 경우에는 음악이나 미술에 관련된 책을 소개하면 편집자가 아주 좋아하고, 『내일신문』처럼 교육에 관련된 신문 같은 경우 아이들의 교육법에 관한 책들을 주로 소개해 주면 좋습니다. 하지만 중요한 것은 그렇다고 해서 그런 종류의 책만을 소개해선 안 되며, 베스트셀러나 화제의 도서 등도 섞어서 같이 해주어야 됩니다. 그렇지 않으면 책 소개가 같은 내용을 반복하는 것처럼 느껴지게 되기 때문입니다.

두 번째로 중요한 것은 바로 원고의 분량에 따른 정리 방식입니다. 신문이나 잡지 속에서 내가 쓸 수 있는 분량이 정해져 있기 때문입니다. 저도 처음에는 방송에서 하는 것처럼 5분 이상의 원고를 실제로 글로 쓰면 A4지 두 장 이상이 나온다는 사실을 그때야 알았습니다. 이 정도의 양이면 뜻밖에 신문지 반 페이지 정도를 채울 수가 있는데, 결국 편집자하고 통화하고 양을 확 줄이다 보니 결국 내용도 없고 재미도 없는 책 소개가 되고 말았습니다. 일단 내 글이 들어갈 수 있는 분량을 보고 그 부분에 맞도록 정리를 해서 넣는 훈련을 해야만 합니다. 예를 들어 『안철수의 생각』 같은 경우 워낙에 많은 부분에 대해서 설명을 하고 있기 때문에 단순하게 복지, 정의, 평화에 대한 이야기와 간단한 사례들을 넣어서 쓰다 보면 몇 줄 안에 책의 내용을 소개할 수 있지만, 분량이 되지 않는다면 그 속에 이야기를 최대한 넣을 수 있는 훈련을 해야만 합니다.

세 번째로 생각해야만 하는 것이 바로 편집자의 의도를 파악하는 것인데. 될 수 있으면 원고를 보내고 편집자와 상의를 해서 글을 다듬는 것이 좋습니다, 의외로 편집자가 그 책에 대해서 다른 의견이 있을 수 있고 다른 방향으로 소개해 주기를 바랄 때가 있습니다. 어쨌든 그런 식으로 다듬다 보면 책 소개가 조금 더 풍성하고 성장해서 나가게 됩니다. 실제로 책을 소개하다가 의견 충돌로 전혀 다른 책을 소개한 적도 있고, 기분이 상해서 매체에서 책 소개를 포기한 적도 있습니다. 이 부분에 대해서 반드시 협의해야 하는 부분이니 생각을 잘해야만 합니다.

미들급 프레젠터에 관해서 정리를 한 번 해보겠습니다. 우선 매체별 책을 소개하는 방법 중에서 첫 번째는 매체의 종류가 있는데 크게 TV, 라디오, 신문, 잡지, 인터넷 등이 있고 그중에서 첫 번째로 나오는 TV의 경우에는 외모를 잘 다듬어서 제스처를 훈련하는 것이 가장 중요하고 두 번째 라디오의 경우에는 목소리와 대화를 같이 하는 MC와의 호흡을 잘 맞추는 원고와 연습이 필요합니다. 세 번째로 나오는 신문, 잡지, 인터넷 같은 경우에는 매체의 성격에 따라서 책을 선정하고 원고의 분량을 정하고 편집자와 상의를 통해서 글을 완성하는 것이 좋습니다. 이 모든 것을 종합해서 책을 소개하자면 많은 기술이 필요하지만 매체와 편집자의 의도를 파악한 원고 작성이 가장 중요하다는 사실을 알 수가 있습니다. 그리고 다음 장인 헤비급 프레젠터에 넘어가기에 앞서서 책을 장르별로 소개하는 법에 관해서 알려 드리고 넘어가겠습니다.

헤비급 프레젠터 — 한 가지 주제로 한 시간 이상 강의할 수 있는 사람

자 이제 헤비급 프레젠터 즉 강사의 레벨로 가보도록 하겠습니다.

우리는 일반적으로 살면서 사람들 앞에서 강의해야 할 경우는 없습니다. 그런데 뜻밖에 내 생각을 사람들 앞에서 이야기할 경우가 많습니다. 그리고 사실 책을 오래 읽고 생각이 많은 사람의 경우에는 많은 사람 앞에서 강의하려는 꿈을 가진 사람이 많습니다. 그래서 많은 강사가 활약할 수 있지요. 그래서 강의를 하는 방법을 알려드리도록 하겠습니다.

우선 강의를 잘하려면 아마도 말하려는 주제나 말하는 법이 가장 중요하다고 생각을 하는 사람이 많을 것입니다. 그러나 그것은 절대로 착각입니다. 우선 강의를 잘하려면 내가 준비되어 있어야 하는데 바로 차림새입니다. 즉 외형적인 부분에서 준비가 잘 되어 있어야만 상대 역시 들을 준비를 한다는 사실이지요. 특히 내가 어떤 분야의 전문가이고 유명하다면 상대 역시 들을 준비와 기대를 많이 하게 됩니다. 그러나 대부분 사람은 특히 처음 강의를 하시고자 하는 분들에게 이런 것들을 기대한다는 것은 불가능합니다. 강의를 처음 하고자 하는 사람들은 대

부분 무언가를 남들에게 이야기하고는 싶은데 남들과 별로 다른 것도 없고 내세울 것도 없는 경우가 대부분일 것입니다. 그래서 주눅이 들어 하고 싶은 말도 못하고 준비해온 이야기도 하지 못하고 심장만 벌렁벌렁 뛰고 눈앞은 하얗게 되어 머릿속이 텅 빈 느낌이 올 수밖에 없습니다. 그런데 중요한 한 가지를 하면 이것을 이겨낼 수 있습니다. 이것만 하면 일단 말을 할 수가 있습니다. 그것은 바로 시선입니다. 관객을 눈을 보는 것이지요. 물론 많은 사람을 상대로 일일이 눈을 보면서 이야기한다는 것은 무리입니다. 그러나 관객은 단 한 명의 상대라고 생각을 하고 그의 눈을 바라본다고 생각하면서 이야기한다면 얼마든지 이야기를 편하게 할 수가 있습니다. 그리고 또한 관객들도 강사의 눈 속에서 듣는 이야기가 90% 이상이 됩니다. 그가 무슨 생각을 하고 있고 어떤 이야기를 하고 싶은지를 눈 속에서 읽기 때문입니다.

강의를 처음 해본 사람들은 알겠지만 내가 알지도 못하는 사람들이 앉아서 내가 하는 이야기를 듣는다고 생각해보면 얼마나 떨리는지 아십니까? 그때 심정이 꼭 엄청나게 무서운 놀이기구를 탈 때와 똑같습니다. 언제 떨어질지 모르는 놀이기구가 올라갈 때의 심정하고 똑같지요. 그리고 그 많은 사람이 나를 쳐다볼 때의 심정 역시 놀이기구가 떨어질 때 무서운 심정하고 똑같습니다. 그래서 무엇을 잊어버리고 실수하고 말도 안 되는 이야기를 하게 되는 것입니다. 저는 이것을 극복하는 방법을 알고 있습니다. 그래서 놀이기구를 탈 때도 웃으면서 탈 수 있지요. 여유 있게 주변을 돌아보면서 탈 수도 있습니다. 그것은 바로 공포가 극에 달한 순간 놀이기구로 치면 놀이기구가 떨어지기 시작하는 시점에 잠깐 한 곳을 집중해서 보면 그 순간 공포가 사라지고 여유가 넘치게 됩니다. 왜냐하면, 가장 무서운 곳을 이미 지났기 때문이지요.

강의할 때도 마찬가지입니다. 강의란 한 사람과 이야기를 하는 것이 아니라 많은 사람과의 대화이기 때문에 일단 누구를 보고 할 것인지 정해야 합니다. 청중을 보게 되면 강의가 들어가기 전에 대략 좌우로 가운데 부분에서 거리로는 3분의 2 지점에 계신 분으로 인상이 편안하게 잘 들어주실 것처럼 생기신 분에게 자신의 이야기를 시작하십시오. 그리고 왼쪽 끝에 있는 분에게도 한 번 얼굴을 보면서 이야기를 하고 쭉 시선을 옮기면서 오른쪽 끝에 계신 분에게도 이야기하는 것이 좋습니다. 그러나 대부분의 경우 고개를 중앙으로 고정해놓고 시선을 좌우로 움직이면서 보는 것이 좋습니다. 이렇게만 해도 내가 하고 싶은 이야기를 공포감 없이 전달할 수가 있습니다.

하지만 시선이 공포를 사라지게 하여 이야기를 전달시켜 줄 수 있지만, 청중의 입장에선 시선만 가지고서는 아무래도 자연스럽다고 생각하기는 힘듭니다. 예를 들어 (몸을 가만히 차려

자세로 선다.) 이 상태로 시선만 자연스럽게 이야기를 한다고 생각해 봅시다. 얼마나 웃길까요? 지금 들으시면서도 아마 부자연스러워서 웃음이 나오시는 분들도 있을 것입니다. (다시 몸을 자연스럽게 움직이면서) 이처럼 자연스럽게 이야기하는 데에는 제스처를 같이 써야만 합니다. 그럼 이번에는 자연스러운 제스처의 방법에 대해서 한번 알려드리겠습니다.

우선 자연스러운 제스처의 핵심은 무엇일까요? 그렇죠! 자연스러워야 합니다. 무슨 말장난 같지만 진실입니다. 그럼 자연스러운 제스처는 어떻게 해야 할까요? 사실 저도 처음에는 굉장히 어색한 제스처를 많이 구사했습니다. 지금도 방송 초기에 동영상을 보면 처음에는 거의 움직이지 않고 머리만 흔들어서 혼이 많이 났으며, 그다음에는 손을 어찌할 바를 모르고 많이 움직이다가 부산스럽다는 이야기도 많이 들었습니다. 그렇지만 방송을 많이 하다 보니 어떻게 자연스러운 제스처가 완성되었습니다. 이렇게 하다 보니 제스처를 책에서 읽고 다른 강사들의 움직임을 보면서 몇 가지 공통점을 발견하게 되었습니다.

그것은 첫 번째로 손의 동작을 사용하는 법을 알아야 한다는 것입니다. 특히 강의가 시작할 때는 짧은 앞으로나란히를 많이 쓴다는 사실입니다. 이 짧은 '앞으로나란히'가 바로 제스처의 시작의 동작에 많이 등장합니다. 특히 이 부분은 어떤 비교 대상이 있을 때 큰 것은 큰 제스처로 작은 것은 작은 제스처로 보여쭙니다. 그러면서 두 손을 대부분 따로따로 설명하는 데 씁니다. 자 예를 들어 보지요. 우리가 강의를 할 때 제가 처음에 중요한 것은 바로 시선이라고 했습니다. 그 순간 제 손가락은 눈에 가 있습니다. 이때 다른 손은 내려놓고 있습니다. 집중하기 위해서지요. 그 다음 청중의 시선을 잡아야 한다고 할 때 팔과 손을 펴서 청중을 쭉 훑습니다. 그렇게 하면 눈과 청중이 연결되는 것입니다. 또 다른 한 가지를 예를 들면 상대에게 내 이야기를 할 때는 손바닥을 펴서 '여러분들의 의견을 어떠십니까?'라고 묻고 답을 합니다. 나를 가리킬 때는 손이 전부 나를 향하게 크게 가리킵니다. 이때 사람들의 시선을 나에게 모으는 것이지요. 결국, 사람들의 시선이 내 눈에서 손으로 자연스럽게 움직일 수 있도록 자신만의 노하우를 개발해야 합니다. 이 부분은 아무리 남의 것을 보고 연습을 해도 신체적인 구조와 성별에 따라 다르기 때문에 연습해 보셔야만 합니다. 특히 거울을 보고 연습을 하거나 캠코더로 찍어서 어색하지 않을 때까지 하는 것이 유일한 방법입니다.

두 번째로 움직이고 서는 방법에 관한 것입니다. 강의하다 보면 앉아서 하는 강의는 거의 없습니다. 그런데 서서 하는 강의에도 두 가지가 있습니다. 앞에 탁자가 있는 경우와 없는 경우입니다. 우선 강의를 처음 하시는 분들의 경우에는 강의노트를 보아야 하므로 탁자가 있는 경우가 많습니다. 그래서 움직임과 서 있는 상태가 아주 경직돼 있는 경우가 많습니다. 따라서 결국 신체가 가려져서 많은 정보가 전달되지 못해 강의 내용이 훌륭해도 감명을 받지 못하는 경우도 있습니다. 그래서 뛰어난 강사들은 대부분 강의 내용을 외워서 자신의 이야기가 몸 전체에서 읽을 수 있도록 치웁니다. 이처럼 서 있는 형태와 움직임 같은 경우에도 여러 가지 방법이 있습니다. 일단 제자리에 서서 그냥 이야기하는 방식과 자연스럽게 움직이면서 이야기하는 방식이 있습니다. 제가 여기서 드리고 싶은 말씀은 일단 몸이 한 곳에 묶이게 되면 아무리 제스처와 시선이 자연스러워도 영혼이 묶여 버리기 때문에 자연스러운 강의는 힘들게 됩니다. 결국, 자신의 이야기에 동화가 되어서 사람들에게 다가가고 움직이고 흉내 내고 따라 하고 동감할 수 있도록 자신의 끊임없이 움직일 때 그 강의의 효과가 더더욱 커질 수 있습니다. 이 부분은 사실 연습의 부분보다는 자신의 열정의 부분으로 보는 것이 좋을 것 같습니다. 내가 진정으로 이야기하고 싶을 때 제스처도 서 있는 것도 자연스러울 수 있기 때문입니다.

세 번째로는 강의 내용에 관해서 말씀을 드리겠습니다.

우선 첫 번째로 강의의 주제로 좋은 것을 찾는 것이 좋습니다. 물론 어떤 주제가 정해진다면 그것에 맞추어야겠지만 일단 자유 주제로 강의하게 된다면 상대방이 관심이 가질 만한 주제로 강의를 만들어야 한다는 것입니다.

예를 들어 봅시다. 여기에 계신 분들은 강의에 관심이 있는 분들이기 때문에 '강의를 잘하는 법'이라는 제목으로 진행하면 관심이 갈 것입니다. 반면에 결혼 전의 미혼 남녀라면 '연애를 잘하는 법', '좋은 연인을 만나는 법' 등으로 주제를 정하면 좋겠지요. 또한, 나이가 드셔서 은퇴하신 분들이라면 은퇴 후의 인생설계에 관해서 이야기하는 것이 좋습니다. 결국, 관객이 누구냐에 따라서 주제가 달라지기 때문에 관객에 대한 분석을 정확하게 하고 관객이 원하는 내용의 주제를 선정하는 것이 무엇보다도 중요합니다. 이때 그냥 내 머릿속에서 생각나는 주제를 가지고 그냥 찾아서 하려고 하면 안 됩니다. 어떤 일이든지 발로 뛰고 손으로 써가면서 준비를 해야 하는데, 특히 주제를 선정하면서 대략적인 방향을 정하더라도 일단의 리서치를 통해서 제목을 정하는 것이 좋습니다. 예를 들어 앞에서 말한 것처럼 미혼남녀의 연애법을 강의하려고 하는데 나도 연애의 경험이 별로 없어서 잘 모르는데 잘 아는 것처럼 하면 관객이 금방 알아버리기 때문이지요. 따라서 좋은 주제란 관객이 원하고 내가 잘 알고 잘 이야기 하고 싶은 것을 찾아야만 합니다.

두 번째로 강의의 재료를 구체적으로 모아야만 합니다. 강의할 때 많이 하는 실수 중에 한 가지가 바로 '그냥 가서 하면 되지 뭐!'라고 생각을 해서 내가 가지고 있는 간단한 생각이나 예를 가지고 가서 강의하는 강사분들도 적지 않습니다. 아니면 인터넷이나 책 한 권 읽고 그 내용을 그대로 가지고 와선 기가 막힌 내용이라고 이야기하는 경우도 많지요. 사실 저도 책 소개를 하면서 그런 적이 많으므로 이런 일에 대한 문제점을 정확하게 알고 있습니다.

실제로 있었던 사건입니다. 책에서 나온 내용 중에서 기막힌 내용이 있길래 그냥 방송에서 소개했습니다. 그랬더니 난리가 났지요. 잘못된 내용이라고 인터넷에 올라오는 게 아닌가요? 그래서 확인을 해보니 책 속의 내용이 잘못된 것인데 확인도 하지 않고 소개를 해서 그만 저도 이상한 말을 하는 사람이 돼버리고 말았지요. 결국, 내용도 삭제하고 방송에서 사과까지 한 일도 있습니다. 오래 하다 보면 그런 일도 생기게 됩니다. 그다음부터는 좋은 아이디어일수록 확인에 확인한 후 방송을 합니다. 게다가 조금 더 나아가서 확인되었지만, 논리의 여지가 있는 경우는 빼고 방송을 합니다. 일단의 자체검열인 셈이지요. 어쨌든 강의를 할 때는 그냥 생각만 가지고서는 절대 해서도 안 되고 공부해야 합니다. 관련 도서와 인터넷 정보 그리고 주변의 많은 사람의 의견을 물어서 한 시간 분량의 강의라면 최소 10시산 이상 강의를 할 정도로 준비해야만 실제 강의를 나가서 할 이야기가 제대로 나옵니다.

세 번째로 강의를 정리하는 법입니다. 강의를 이것저것 할 말이 많다고 해서 그냥 해서는 재미가 없습니다. 그리고 무슨 말을 하는지 알 수도 없고요. 음식을 할 때 재료가 아무리 좋아도 조리법이 엉망이면 맛이 없는 음식이 될 수밖에 없는 것처럼 강의의 주제와 내용이 아무리 좋아도 구성이 엉망이면 그 강의는 망치고 맙니다. 그렇다면 그렇게 중요한 강의의 구성은 어떻게 하는 것이 좋을까요? 우선 3-3-3법과 구성법을 소개합니다. 이를 닦는 것과 같습니다. 아침에 3분 점심에 3분 저녁에 3분입니다. 무슨 소리냐 하면 소개하고 싶은 내용을 큰 주제 세 가지로 나누고 그 안의 내용을 다시 세 가지로 나누어서 소개를 하면 된다는 것입니다. 사실 한 시간이나 두 시간이나 되는 강의는 엄청나게 길고 지루할 때가 많습니다. 따라서 대부분의 강의는 앞에서 하는 내용만 보고 나서 나중에는 듣지 않을 때가 많지요. 왜냐하면, 모든 주제는 어차피 연결되어 있기 때문에 이미 한 이야기를 또 해서 지루한 감도 있지만, 사람이 일반적으로 기억할 수 있는 한계가 7개 정도이기 때문입니다. 그것도 집중해서 들었을 때 가능한 숫자입니다. 3의 경우에는 사람이 그런 노력을 하지 않고도 얼마든지 강의를 집중할 수 있는 숫자이기 때문에 쉽게 기억을 하게 됩니다.

예를 들어 설명하면, 연애를 잘하는 법에 대해서 강의를 한다고 생각해보세요. 그런데 연애를 잘하는 법을 알려 준다고 해서 마치 술자리에서 친구들이 말하는 것처럼 되는 대로 마구잡이로 한 시간 동안 강의를 하면 될까요? 아마도 실수도 많이 할 것이고 하다 보면 말도 안 되는 소리가 나올 수도 있을 것입니다. 그런데 이렇게 이야기를 하면 어떨까요?

연애를 잘하기 위해선 우선 연애 상대를 찾는 법부터 알아봅시다. 그리고 두 번째로 관계를 지속시키는 법 그리고 마지막으로 관계를 끊는 법까지 알아보도록 하지요. 남자든 여자든 일단 상대가 있어야만 가능할 것입니다. 그렇다면 어떤 남자나 혹은 어떤 여자가 나에게 맞는 사람인지 알아야만 하지요. 그러기 위해서는 일단 내가 어떤 사람인지부터 알아야 합니다. 나를 객관적으로 봤을 때 진정한 나의 짝을 찾을 수 있기 때문이지요. 그러고 나서 내가 원하는 이상형이 어떤 사람이면 좋은지 이성은 어떻게 만나는 게 좋은지 생각을 해봅시다.

이렇게 앞에서 세 가지 큰 주제를 설명하고 나서 그 주제 중에서 또 세 가지로 나누어서 이야기하면 그 주제 분석만 하고도 얼마든지 강의를 충실하게 진행해 나가는 것이 가능해집니다. 혹은 이런 말을 할 수도 있을 것입니다. 지루하다고, 그런 식의 진행은 너무 많다고 말이지요. 그런데 이 방식이 지루한 것이 아니라 강의 내용이 지루한 것이지요. 같은 틀 안에 어떤 내용을 담느냐에 따라서 강사의 자질이 확인되는 것이기 때문입니다.

이제 마무리를 해볼까요? 이번 시간에는 강의를 구성하는 법에 대해서 설명해 드렸습니다. 강의를 구성의 첫 번째는 강의의 주제를 찾아야 하는데 주제는 가장 먼저 관객이 원하는 주제를 내가 잘 알고 공부할 수 있는 것으로 찾는 것이 좋습니다. 두 번째 강의 재료를 찾는 법인데요. 강의의 재료는 관련 도서와 인터넷 정보 그리고 주변의 많은 정보수집 등을 통해서 얻어서 반드시 검증의 과정을 거쳐 강단에서 쓸 수 있어야만 합니다.

세 번째로는 강의 구성하는 법입니다. 이 경우 3-3-3 구성법을 쓰는 것이 좋은데 사람이 기억하기 쉬운 숫자일 뿐만 아니라 강사가 쉽게 설명하기 좋은 구조이기 때문입니다. 끝으로 한 가지만 더 강조해서 이야기를 드리면 강의한 내용은 반드시 끝에서 정리해 주어야만 합니다. 사람은 돌아서면 잊어버리기 때문에 이렇게 강조한 강의의 내용을 쉽게 기억하기 때문이지요.

어떻습니까? 일단 헤비급 프레젠터만 하더라도 장난이 아니지요. 사실 이 부분은 제가 오랫동안 소개를 하다 보니 붙은 노하우가 많아서 할 말이 많았던 것 같습니다. 그런데 재미있게도 이런 식으로 책을 오랫동안 소개를 하다 보면 자신이 원하든 원하지 않든 이런 생각이 들게 됩니다. "나도 책을 한번 써볼까?"라고 말이죠. 그렇다면 책을 쓰는 단계인 아서의 단계를 들어가 보도록 합시다.

CHAPTER 5

아서의 3단계

책을 써아 하는 이유
책을 쓰는 방법
많이 읽히는 책을 만드는 방법

책 한 장 한 장을 넘기면서 사람들에게 감동과 정보를 전달할 수가 있습니다.

아서의 3단계

-구체화 해라

책을 읽고, 쓰고, 발표하고 나면 내가 가진 지식을 어떤 한 방향으로 몰아서 정리하고 싶은 생각이 듭니다. 그래서 하는 것이 바로 한 시간짜리 강의와 책을 내는 형태로 나타나게 됩니다. 우선 이런 식의 단계에 올라가기 위해선 내가 먼저 그럴만한 자격이 있는 사람이어야만 합니다. 무슨 말인지 예를 들어서 제 이야기를 해보겠습니다. 제가 처음에 쓴 책이 『리젝트 파워』인데 이 책의 경우 제가 읽었던 수많은 설득에 관한 책 중에서 거절에 관한 부분이 약한 것 같아서 집필하게 되었습니다. 그런데 책을 쓰는 동안 정말로 많은 회의를 느끼게 되었는데, 일단 원고를 거절당하는 것은 기본이었고 저 자신도 글을 써놓은 것을 보면서 말도 안 된다는 생각을 많이 하면서도 계속해서 다듬고 다듬었던 생각이 납니다. 일하면서 틈틈이 조금씩 생각을 정리하고 글을 모아 책을 만들 때, 그 책의 내용이 전달되는 깊이가 있고 사람들이 읽을 만한 가치가 있는 것이지 원고를 썼다고 책을 만들어 볼까 해서는 읽기도 힘들뿐더러 내놓은 사람도 부끄러운 글이 되기 때문입니다.

책을 쓰거나 혹은 강의하기에 앞서서 가장 중요한 것은 내가 그 글을 쓰기에 혹은 강의하기에 충분한 자격이 있고 그럴 만한 능력이 있는 사람인지를 확인한 후에 작업하는 것이 좋다는 것입니다. 그렇다면 책을 쓰거나 강의를 하고 싶은데 내가 어떤 분야에 대해서 확고하게 아는 것이 별로 없다는 분들이 계실 것입니다. 그래서 제가 추천하고 싶은 것이 바로 자신만의 독서록을 책으로 내고 그것으로 강의하라는 것이지요. 이 부분이 중요한 이유는 어떤 사람이 한 분야에 오랫동안 일을 해야만 가능한 일을 자신만의 독서록이라면 가능하여서 말씀을 드리는 것입니다. 책이란, 그 사람의 진실한 인생이 아니면 자신이 그 분야에 대해서 많은 시간과 경험으로 이루어진 것이기 때문에 내가 그 책을 읽고 감명을 받고 그 내용을 전파하고자 하는 마음만 있다면 다른 사람들도 쉽게 감명을 받을 수 있기 때문입니다. 즉 남의 내용을 빌려서 남들에게 내 감정이나 느낌을 전파할 수 있으며 책의 내용 역시 내가 억지로 짜 넣은 내용이 아니라 책 속에서 일주일 혹은 한 달에 걸려서 읽고 정리한 정성이 가득한 내용으로 들어가기 때문에 책 한 장 한 장을 넘기면서 사람들에게 감동과 정보를 전달할 수가 있습니다.

우선 본격적으로 들어가기에 앞서서 작가 편은 앞에 나온 내용과는 다른 구성으로 되어 있음을 먼저 알려드릴까 합니다. 앞에서 라이트, 미들, 헤비급으로 나누어서 단계별로 설명해 드렸지만, 실질적으로 아서 편에선 나누기가 힘들었습니다. 그래서 책을 쓰는 방식으로 구성했습니다. 그렇다면 이 작가 편에서 어떤 이야기를 해드려야 할지 우선하여 세 가지만 먼저 말씀을 드리고 시작하도록 하겠습니다.

첫 번째로 책을 써야 하는 이유,

두 번째는 책을 쓰는 방법,

세 번째는 많이 읽히는 책을 만드는 방법으로 나누어서 설명해 드리도록 하겠습니다.

책을 써야 하는 이유 — 구체화, 실체화, 자기 브랜드화

그럼 우선 책을 써야 하는 이유부터 알아봅시다.

왜 책을 써야만 할까요? 사실 책을 쓰지 않더라도 얼마든지 자신의 의견을 말할 수 있는 세상입니다. 저만 하더라도 유튜브에다 제 동영상을 올리고 블로그를 운영하면서 많은 의견 교환

을 하고 있습니다. 그럼에도 불구하고 책은 책만이 가지고 있는 매력과 장점이 있기 때문입니다. 저는 그중에서 가장 중요한 첫 번째 이유를 바로 실체화에서 찾고 싶습니다.

실체화란 무슨 뜻일까요? 실체화는 말 그대로 현실 세계에 구현했다는 뜻입니다. 제가 아무리 좋은 의견을 이야기한다더라도 그 이야기는 한 번 듣고 지나가면 잊히게 될 것입니다. 그래서 말을 현실 세계에 문자의 형태로 구현하게 되면 일단 말이 현실 세계의 실재하는 형태로서 사람들에게 읽히게 된다는 것입니다. 그래서 성경, 불경, 코란, 논어, 맹자 등의 위대한 사상가들과 신의 말을 적은 책으로서 세상 사람들에게 전파가 되는 것이지요. 이런 이유 말고도 개인적으로 책을 써보니 그렇게 뿌듯할 수가 없었습니다.

내가 생각한 것이 다른 사람들이 돈을 주고 사는 물건으로 만들어졌다는 사실에 말이죠. 내가 생각한 것이 의미가 있고 사람들에게 영향을 미칠 수 있다는 사실 자체가 굉장한 의미로 다가왔습니다. 여러분도 자기 생각을 다른 사람들에게 영감과 감동 그리고 공감을 주는데 미치는 책은 굉장히 중요한 의미가 있기 때문에 꼭 시도를 해보시라고 말씀드리고 싶습니다.

두 번째로는 구체화를 합니다. 뭐가 그렇게 구체적으로 되느냐고 물으실 수가 있을 것입니다.

일단 책으로 썼을 때 말로 하는 것과는 전혀 다른 구체적인 이야기를 만들어낼 수가 있습니다.

말로 할 때는 눈으로 하는 이야기와 몸으로 하는 이야기가 있기 때문에 많은 양의 정보가 사람들에게 전달될 수가 있지만, 책을 썼을 경우에는 눈으로 하는 이야기와 몸으로 하는 이야기가 전혀 전달되지 않으므로 전부 글로서 그 부분을 채워야만 합니다. 그래서 막상 말로 하는 것보다도 훨씬 더 많은 양의 글이 필요하게 됩니다.

제가 처음으로 쓴 책 『리젝트 파워』의 경우 거절에 관한 이유와 방법 사례 등에 대해서 엄청날 정도로 안다고 생각을 하고 글을 쓰기 시작하였습니다. 그런데 막상 써보니 달랑 24페이지 정도 쓰고 나니까 내용이 떨어지더군요. 즉 제가 아는 내용은 24페이지가 전부였던 것입니다. 그런데 그 내용을 사람들이 읽을 수 있을 정도로 늘리고 붙이고 편집을 하다 보니 내용이 점점 늘어나서 결국 책 한 권을 낼 수 있는 양이 되었습니다. 내가 아는 내용을 아무리 내가 잘 이야기 한다더라도 직접 써보지 않으면 자신이 얼마나 정확하게 알고 있는지 알 수가 없다는 것이지요. 따라서 책을 쓴다는 것은 내가 알고 있는 것을 최대한으로 끄집어내서 그것을 구체화하지 않고선 불가능하다는 사실을 몸으로 알게 되었지요.

글을 책으로 만들고 싶다면 자신이 가지고 있는 모든 지식의 총합을 알고 그것을 구체화해야 합니다.

세 번째로는 자기 브랜드화입니다. 자기 브랜드화는 쉽게 말해서 자신의 몸값을 올릴 수 있다는 말입니다. 실제로 많은 연예인이나 유명인들이 책을 쓰는 경우를 볼 수가 있습니다. 그들의 경우 자신의 인생이나 생각을 책으로 내게 되면 많은 사람이 사고 돈을 벌 수 있기 때문에 쓰는 것도 분명히 있지만, 자신만의 책을 펴낸 사람과 없는 사람은 격이 달라 보인다는 것입니다. 예를 들어서 음악가이자 방송인인 이적 씨의 경우에는 서울대를 나와서 천재 작곡가와 가수 소리를 들었습니다. 그런 그가 자신의 이야기를 담은 이야기가 아닌 소설인 『지문 사냥꾼』이라는 판타지 소설을 출간함으로써 소설가로서도 이름을 날리게 된 것입니다. 김난도 교수 같은 경우에도 분명히 자신은 서울대학교 소비자트랜드 학과 교수임에도 불구하고 자신이 낸 전문 수필집은 별로 인기가 없었지만, 그가 낸 『아프니까 청춘이다』와 『천 번을 흔들려야 어른이 된다』는 정말로 타의 추종을 불허하는 최고의 베스트셀러가 되었습니다. 그 뒤에 엄청난 양의 강의를 하게 되었으며 강사료 역시 우리나라에서 최고가 되었지요. 최고의 강사 김미경 씨 역시 강의 내용을 책으로 냄으로써 많은 인세를 벌었으며 책을 바탕으로 더 많은 강의를 할 수 있었다고 합니다. 이처럼 책을 쓴다는 것은 단순하게 내 생각을 구체화하여서 실체화하는 것에 끝나는 것이 아니라 내 이름과 내 명예를 높여서 나를 더 세상에 알리는 최고의 방법이라는 사실입니다.

그럼 여기까지 책을 써야 하는 이유에 대한 설명을 마치도록 하겠습니다. 정리를 하면 책을 써야 하는 이유는 첫 번째로는 내 말을 세상에 실체화하는 것이며, 두 번째로는 내 생각을 구체화하며, 세 번째로는 자기 브랜드화하면 내 명예가 높아진다는 것입니다. 그렇다면 다음 장에선 책을 쓰는 방법에 대해서 설명해 드리도록 하겠습니다.

책을 쓰는 방법 – 점선면입체 방식, 블록쌓기 방식, 스토리텔링 방식

책을 쓰는 방법에 대해서 수많은 생각을 했습니다. 이렇게 쓰면 어떨까, 저렇게 쓰면 어떨까, 많은 책을 읽고 이야기를 풀어가는 방식은 어떨까…. 등 이처럼 많은 고민을 많이 했습니다. 그러고 나서 첫 번째로 생각한 것은 장르별로 나누고 설명하면 되겠구나 했는데, 이런 방법으로는 너무 복잡해져서 문제가 많더군요. 그래서 다른 책들에서 나온 방식으로 책을 쓰는 법에 관한 이야기를 했는데, 제가 직접 그 방법을 써보지 않아서 그런지 매끈하게 설명을 못 하겠더군요. 해서 마지막으로 제가 직접 책을 썼던 방식으로 소개하는 게 좋다고 생각했습니다. 책을 쓴다는 것은 한편으로는 굉장히 재미있는 작업이면서 동

시에 굉장히 괴로운 작업이라는 사실을 밝히고 시작하겠습니다. 시작은 이렇게 하면 될 것 같다고 시작을 하지만 끝나지 않는 이야기에 절망도 잦았기 때문입니다. 쓰기도 전에 너무 겁을 준 것 같군요. 그렇다면 책을 쓰는 방법도 역시 세 가지로 나누어서 설명해 드리도록 하겠습니다.

첫 번째 – 점, 선, 면, 입체 방식

두 번째 – 블록쌓기 방식

세 번째 – 스토리텔링 방식입니다.

점, 선, 면, 입체 방식(확장형 글쓰기)

우선 첫 번째 점, 선, 면, 입체 방식에 대해서 설명하겠습니다. 점, 선, 면, 입체 방식이라고 하니까 아마 잘 이해 못 하시는 분들이 계실 것 같아서 자세하게 설명해 드리도록 하겠습니다.

점 – 제목

우선 점에 관해서 설명하겠습니다. 우선 책을 쓰려면 수많은 생각 중에서 한 가지 주제를 찾아서 써야만 합니다. 우선 제 경우에는 『리젝트 파워』를 쓸 때 수많은 설득의 책 중에서 거절에 관한 책이 전혀 없음을 깨닫고 쓰기 시작했습니다. 원래 제목은 『NO라고 말해야 행복해질 수 있다』 라고 시작을 했습니다. 그러면서 수많은 거절에 관한 이야기들을 모으게 되었고 그것들을 바탕으로 거절에 관한 책을 쓰기 시작했습니다. 마찬가지로 『설득의 심리학』이라는 책 같은 경우에도 설득의 심리학에 대해서 제목을 정하고 그것에 관한 이야기들로 책을 채우기 위한 기초적인 무엇에 관한 이야기를 모으게 됩니다.

선 – 목차

선은 목차를 말합니다. 우선 앞에서 말한 것처럼 거절에 관한 책을 쓰고자 한다면 거절에 대한 기초적인 제목을 정한 다음 거절에 관한 수많은 이야기와 주장 그리고 내용이 될 만한 것들을 모으게 됩니다. 그런데 그 많은 이야기를 모두 책 속에 담을 수가 없습니다. 예를 들어서 거절이 때로는 해가 된다. 사례도 분명히 존재할 것이고 거절이란, 해서는 안 된다고 이야기하는 사람도 나옵니다. 게다가 거절을 통해서 수많은 이야기를 하다 보면 거절만 해서는 안 되는 경우가 많기 때문입니다. 즉 수많은 사례는 한 개 한 개 점으로 연결하다 보면 어느 순간 책을 어느 방향으로 써야겠다라는 일종의 방향설정이 완성되게 됩니다. 이처럼 선은 점과 점을 연결해서 목차를 만드는 행위를 말하는 것입니다. 대부분 책의 경우에서도 이런 것을 볼 수가 있는데 책 중에 『대화의 연금술』이라는 책이 있습니다. 그 책에도 보면 우선 대화의 연금술을 제목으로 정하고 세 가지를 나누어서 설명하는데 첫 번째 듣기의 기술, 두 번째 질문의 기술, 세 번째 칭찬의 기술로 나누어서 대화를 나눌 때 꼭 필요한 이야기들을 해주는 형태로 나누어져 있습니다. 이처럼 여러 가지 이야기를 한가지 선에서 나누어서 설명할 수가 있기 때문이지요.

면 – 내용

면은 본격적인 내용이 되겠습니다. 책을 쓸 때 우선 제목을 정하고 목차를 만든 다음 목차에 맞는 자신의 주장을 넣는 과정이 되겠습니다. 『리젝트 파워』의 경우에도 앞부분에 왜 거절이 꼭 필요한지 설명한 다음, 거절의 기본적이 기술과 상황별 거절의 기술을 넣는 형태로 만들었는데 우선 가장 중요한 것은 사람들이 어떤 상황에서 거절이 필요한지를 설명하는 것이었습니다. 그런데 재미있게도 높은 자리에 앉은 사람들이 아니라 진짜로 힘들게 사는 사람들일수록 더더욱 거절이 기술이 필요하다는 것이지요. 그들은 최소한 것만 가지고 있기 때문에 그럴수록 정확한 거절로 자신의 것을 지켜야 했기 때문입니다. 그래서 저는 보증을 서야 하는 경우와 돈을 빌려주어야만 하는 경우 그 사람을 말로만 신뢰하는 것이 아니라 진짜로 신뢰를 한다면 아무것도 묻지 말고 돈을 줄 수 있을 만큼만 아예 주거나, 제대로 빌려주려면 담보와 정확한 이자 등을 챙겨서 이야기해야만 한다고 썼습니다.

이처럼 우리가 살면서 거절하기 힘들 때 거절의 기술을 정확하게 안다면 더 좋은 결과가 있기 때문이지요. 그 외에도 다른 책들에서도 목차에 따른 설명을 하게 되는데『대화의 연금술』의 듣기 기술 같은 경우에도 대화는 말하는 것보다도 듣는 것이 더 중요한 이유를 설명하면서 내용을 이끌어 갑니다. 마찬가지로 모든 것에서 가장 중요한 부분에 관한 주장을 설명하는 것이지요.

입체 – 사례, 편집, 구성

자 이제 점, 선, 면으로 책의 대략적이 구성을 맞추었다고 생각을 해봅시다. 그런데 이런 식으로 글을 쓰고 나면 한 30페이지 정도 나옵니다. 이제부터 분량을 늘리면서 독자들이 돈을 주고 살 만한 책으로 만들어야 합니다. 그러기 위해선 엄청난 양의 독서와 자료 수집 그리고 시간이 필요합니다. 내가 주장하는 내용을 뒷받침할 만한 자료들을 수집하기 위해서 모든 수단을 동원해 이야기를 만들어 나가야 합니다. 우선 그러기 위해선 다른 사람들이 쓴 비슷한 종류의 책을 읽는 것이 가장 좋습니다. 내용도 비슷하고 사례도 비슷합니다. 단 여기에서 가져온 사례들의 경우 원전을 밝히는 것이 중요합니다. 그러지 않고 쓰면 나중에 위험합니다. 제가 쓴 책으로 예를 다시 들어보도록 하겠습니다.『리젝트 파워』에선 총 세 권의 책을 중점적으로 소개하고 그 속에서 나온 설득의 기술과 거절의 기술들을 소개했습니

다. 특히 『설득의 심리학』의 경우 워낙에 유명한 책이라서 많은
사람이 동감하는 내용이 들어가 있었습니다. 우리가 일반적으
로 설득을 당할 때 엄청난 일에는 쉽게 설득이 당하는데 간단한
일에는 복잡하게 생각을 하는 경우가 많습니다.

예를 들어볼까요? 신용카드 같은 경우에는 사실 빚을 내서
돈을 쓰고 나중에 갚는 것이라서 사실 쓰다 보면 더 돈을 많이
써서 빚을 지지 않을 수 없는 시스템입니다. 대부분 사람이 그
사실을 시간이 지나면서 깨닫지만, 그 순간 이제는 벗어날 수가
없게 되었지요. 그런데 그렇게 쓰게 된 계기를 보면 재미있게도
정부에서 경기를 부양한다고 돈을 많이 쓰는 것이 최선이라는
홍보를 한 결과 많은 사람이 쓰게 되었고, 그러다 보니 돈 없는
사람들도 빚을 내어서 쓰다 보니 그렇게 된 것이지요. 이처럼
많은 사람이 쓰면 나도 따라 쓰게 되는 것이 바로 '사회적 증거
의 법칙'이라는 것입니다.

또 실험이 나오는데요. 길거리를 걸어가다가 세 사람이 걸음
을 멈추고 갑자기 한 곳을 바라보면서 소리를 지르면 사람들이
모여서 웅성웅성하게 됩니다. 그런데 거기에는 아무것도 없습
니다. 이처럼 사람들이 모이는 곳에 사람들이 모이고 자신들이
해서는 안 될 일이지만 그 일을 아무렇지도 않게 하게 되는 것
을 바로 '사회적 증거의 법칙'이라고 합니다. 그렇다면 이런 사
회적 증거의 법칙에선 어떻게 빠져나올 수 있을까요? 그것은

바로 내가 하고 있는 일에 대해서 끊임없이 의문을 제기하는 수밖에 없다고 합니다. 내가 하고 있는 일이 정말로 나에게 도움이 되는지 내가 쓰고 있는 카드가 정말로 내게 도움이 되는지 등등 말이죠. 이런 식으로 의문을 가지다 보면 어느 순간 내가 잘못하고 있다는 것을 깨닫고 빠져나올 수 있다고 이야기를 하고 있습니다. 물론 쉽지는 않습니다. 사람들은 무의식적으로 다른 사람들의 행동을 따라 하도록 의식이 수행되기 때문이지요. 그러나 한순간 생각해보면 내가 얼마나 어리석을 행동을 했는지 깨닫게 된다고 합니다.

이처럼 제목을 정하고, 목차를 쓰고, 내용을 채워서 그 내용을 뒷받침할 수 있는 근거를 찾아 쓰는 것이 바로 입체적인 책을 만드는 방법입니다. 그런데 여기서 한 가지 더 이야기할 것이 바로 편집의 기술인데요. 책을 다 쓴 다음에 책의 순서라든가 책에 더 넣고 빼야 할 부분을 만들어야 합니다. 예를 들면 책을 다 쓴 다음에 뭔가 부족하다고 판단이 되면 책을 쓸 때 편집장하고 상의를 통해서 다른 사례를 넣어 재운다든시 이 부분은 책의 전체적인 방향과 맞지 않다는 부분은 빼는 것이 좋습니다. 그런데 이 부분의 경우에는 자신이 혼자 하는 것보다 다른 사람의 의견을 듣는 것이 좋은 이유가 됩니다. 자신이 쓴 글은 스스로 찾지 못하기 때문이지요. 그래서 책을 쓸 때에는 다른 사람의 의견 특히 편집장의 의견을 듣는 것이 좋습니다.

이처럼 점, 선, 면, 입체 방식의 경우 작은 아이디어를 크게 키우기 때문에 '확장형 글쓰기'라고 표현하는 것이 좋을 것 같습니다. 그렇다면 점, 선, 면, 입체 방식 장점은 무엇인지 간단하게 알아보고 가도록 합시다.

첫 번째 장점 - 전체적인 방향 설정이 쉽다는 점입니다. 다른 말로는 주제의식을 쉽게 파악할 수가 있다는 점이지요. 일단 한 가지에 대해서 쓰기로 하고 쓴 글이므로 전체적인 방향을 일단 쓰는 사람이나 읽는 사람이나 그곳에서 벗어나지 않는 전제 하에서 글을 읽을 수 있습니다. 예를 들면 책 중에 우리나라 최고의 홈쇼핑 호스트인 장문정 씨가 쓴 『팔지 마라 사게 하라』라는 책에서 보면 알 수 있듯이 홈쇼핑 호스트로서 자신이 판매한 이야기를 우선 여러 가지 목차에 나누어서 설명하고 사례를 덧붙이는 형식을 갖추고 있습니다. 책의 제목에서부터 풍기는 느낌처럼 물건을 말로 팔 때 어떻게 팔아야 하는지 대부분의 기술이 나오고 있습니다. 이처럼 한 가지에 초점을 맞추어서 설명하는 책들의 경우에는 내가 쓸 내용과 읽어야 할 내용에 대한 기본적인 파악이 쉬우므로 독자가 내가 원하는 책인지 쉽게 파악하고 구매할 수 있도록 합니다. 이것은 독자를 특화하는 데 아주 중요한 요소가 되기 때문에 이 방식의 최고의 강점이라고 할 수 있습니다.

　두 번째 장점 – 독자의 이해 및 판단이 빠릅니다. 다른 경우의 예를 들어서 설명해보도록 하지요. 책 중에 에세이나 소설 같은 경우에는 정확한 주제에 대해서 설명하는 것이 아니라 자기 생각의 흐름대로 책을 쓰는 경우가 많습니다. 그러다 보면 내가 무엇을 읽었는지 혹은 내가 무엇을 원해서 이 책을 읽게 되었는지 방향을 잃을 때가 많습니다. 나는 원래 이런 내용을 원해서 이 책을 사게 되었는데 막상 읽어 보니 그런 내용이 아니어서 실망하는 사람들도 있지요. 다음의 경우는 절대로 그렇게 빗나갈 수가 없습니다. 일단 책을 드는 독자의 경우에도 자신에게 맞는 생각을 찾기 위해서 이런 책을 읽는 것이지 만약 책을 들었을 때 제목이나 내용이 자신이 원하는 내용이 아니라면 들지도 않았을 것입니다. 특히 자신이 좋아하는 책의 경우에는 굉장히 어려운 사례나 통계가 나온다더라도 쉽게 이해하는 능력이 생기게 됩니다. 예를 들면 책 중에 『디지털 치매』라는 책이 있습니다. 이 책의 경우 독일인 뇌과학자가 디지털기기가 뇌에 미치는 영향에 대해서 설명을 해놓았는데 디지털기기를 사용해서 망가져 가는 인간의 뇌에 대해서 상세하게 설명을 하면서 뇌 사진이나 구체적인 실험사례들을 이야기하는데 저 같은 경우에는 그런 책들을 준비하느라고 많이 생각하고 알고 있었던 터라서 쉽게 읽을 수 있었습니다. 특히 뇌가 운동해야 한다는 부분에선 더더욱 공감이 갔지요. 이처럼 자신이 원하는 방향의 책은 일단 자신이 생각하는 부분에 공감을 찾기 때문에 이해가 더더욱 쉽습니다.

세 번째 장점 - 구조를 쉽게 만들 수 있다는 점입니다. 사실 이 부분은 독자보다는 필자에게 유리한 점인데요. 일단 제목을 정하고 나서 목차를 20개 정도 만들어 봅니다. 그리고 그것들을 마인드맵 형태로 자꾸 키워나가다 보면 어느 순간 충분한 양의 데이터에 이를 수가 있게 됩니다. 우선 『대화의 연금술』이란 책으로 설명하겠습니다. 대화의 기술에는 듣기, 질문, 칭찬의 기술로 세 가지로 나누어져 있고 듣기의 기술도 세 가지로 나누어 있습니다. 듣기란 무엇인가, 듣기가 왜 가장 중요한 기술인가, 듣기를 잘하려는 방법 등으로 나눈 다음 듣기를 잘하려는 방법도 세 가지로 나누어서 설명합니다. 그리고 그 사례들은 모두 실생활에서 우리가 많이 쓰는 이야기를 통해서 하는 것이지요. 이처럼 작게 나누어서 설명을 쓰다 보면 어느 순간 책의 내용이 차 있습니다.

책을 기획하고 어떤 종류의 책을 쓰고 싶다고 생각하는 분들이 사용하시면 아주 좋은 종류의 책 쓰기 기술이라고 생각하시면 될 것 같습니다.

그렇다면 여기까지 점, 선, 면, 입체방식의 장점을 마무리하고 단점에 대해서도 알아보도록 합시다.

점, 선, 면, 입체 방식의 단점

첫 번째 단점 – 구조가 너무 단순하다는 점입니다. 이 말은 독자가 쉽게 무슨 말이 나올지 예상한다는 점이기도 하지요. 앞에서 말한 것처럼 쉽게 구조를 만들 수 있는 만큼 읽는 사람 역시 무슨 이야기가 나올지 이미 파악하고 있기 때문에 독자가 읽으면서 단조롭게 느낄 수 있는 확률이 높다는 사실입니다. 게다가 단조로운 만큼 전혀 새로운 사실이나 충격적인 이야기를 하지 않는다면 처음에는 관심이 있어서 읽었지만, 나중에는 "별 이야기가 없네." 하면서 던져버릴 수도 있다는 것입니다. 조금만 더 구체적으로 설명하겠습니다.

제가 처음에 쓴 『리젝트 파워』를 예를 들어보겠습니다. 책을 쓰다 보니 책 자체를 크게 세 가지 단계로 나누었습니다. 우선 왜 거절이 필요한지, 그리고 거절의 기술의 사회적 의미까지 적어보았습니다. 거절이 필요한 이유는 사실 뻔하지 않습니까? 강한 나의 모습을 보이기 위함이라고 말이죠. 게다가 거절의 기술 역시 기가 막힌 이야기보다는 역시 어색함을 꺾고 상대방에서 거절할 수 있는 베짱이 가장 중요하다는 이야기를 적게 되더군요. 마지막으로 거절의 사회적이 확장 역시 크게 벗어나지를 못하는 점을 보여주었습니다. 그래서 책을 써놓고 얼마나 창피했는지 모릅니다. 그래서 그 내용을 보충하기 위해서 2년 동안을 계속해서 메모하고 다듬고 다듬어서 많은 내용을 보충해서 그나마 읽을 정도의 사례를 넣었지만, 여전히 부족해 보이는 점은 어쩔 수 없더군요. 어차피 주장하는 바가 일정한 상태에선 읽는 사람에게 대단한 어필할 수가 없었기 때문이라는 사실을 나중에서야 깨닫게 되었습니다. 물론 제가 부족한 점이 많았지만, 구조적인 부족함을 뛰어넘을 수 있는 뛰어난 지식과 능력이 없으면 책을 확장형으로 잘못 썼다가는 '풍선 같은 책이 될 수도 있다.' 는 사실을 알아야만 합니다.

두 번째 단점 - 원하는 주장에 꼭 맞는 사례를 찾기가 힘들다는 점입니다. 이 부분 역시 첫 번째 책을 쓰면서 수없이 부딪히는 문제였습니다. 일단 책 제목을 정하고 목차를 생각으로 이렇게 저렇게 써서 채웠습니다. 그러고 나서 보니 돈을 빌리는 사람, 보증 서달라는 사람, 함부로 말하는 사람에게는 어떻게 하라고 이야기를 하겠는데 책을 한 권을 채우려다 보니 별의별 경우를 다 쓰게 되더군요. 심지어는 나 자신의 거절하는 법과 자식들의 교육에도 거절을 가르쳐야 한다는 생각에까지 이르게 됩니다. 즉 세상의 모든 일을 거절이라는 잣대를 통해서 생각해야만 하는 결론에 이르게 됩니다. 즉 거절을 단순하게 잘하면 좋다는 생각에서 시작했지만, 그것을 확장하는 과정에서 그 주장에 맞게 설명하기 위해서는 사회의 모든 현상을 거절로서 보게 되는 것입니다. 사실 이 부분은 과장이 될 수밖에 없지요. 그래서 새로운 형태의 거절 정의를 만들게 되고 그 거절에 따라서 바뀌는 우리네 인생에 관해서 이야기하다 보니 결국 사례를 찾기가 점점 힘들어졌습니다. 없는 사례를 만들어서 이야기해야 하고 그러다 보니 억지처럼 이야기가 만들어져서 기껏 써놓고도 다시 읽어보면 한심해서 지우고 다시 생각해서 몇 번을 고친 다음에야 괜찮은 사례를 찾으면 메모를 했다가 그것으로 채우는 일을 반복하게 되었습니다. 이처럼 책을 순간적인 아이디어만으로는 채우기가 힘들어서 책을 쓸 때 많은 사례를 채울 수 있는 제목과 방향으로 정하는 것이 아주 중요합니다.

세 번째 단점 – 다른 경쟁도서들과 비슷한 책이 될 확률이 높다는 점입니다. 사실 거절의 기술을 집필하기 전에 대화의 기술이라는 가제로 책을 쓴 적이 있었습니다. 그래서 가제를 '최고의 대화술' 이라고 짓고서 내용과 목차를 짓고 듣기의 기술, 질문의 기술, 답변의 기술로 나누어서 썼습니다. 그런데 그 와중에 『대화의 연금술』을 보면서 많이 당황했습니다. 책의 내용이 거의 비슷했습니다. 그래서 그 책의 내용을 접고 거절의 기술로 바꾸었는데 처음에는 그런 책이 없어서 시작했는데 쓰다 보니 비슷비슷한 책들이 마구마구 쏟아져 나오기 시작하더군요. 『거절 못 하는 나 분명히 문제가 있다』, 『거절의 기술』, 『거절을 잘하는 법』 등등 제목이 비슷한 책들이 나와서 읽어 보았는데 정말로 내가 쓴 것과 똑같은 내용이 비슷한 목차로 가득 차 있었습니다. 내가 쓰지도 않은 책을 그들이 카피했을 리도 없고 그렇다고 나도 카피를 할 수도 없고 해서 그 사람들이 쓰지 않은 내용으로 책을 쓰려다 보니 더 많은 시간과 노력이 들어가게 된 웃지 못할 에피소드도 있었습니다. 이처럼 일단 어떤 주제를 정하고 책을 쓰게 되면 그 세부 내용이 비슷할 수밖에 없습니다. 어떤 주제에 대해서 사람들이 생각이 비슷하기 때문이지요. 그래서 다른 경쟁 도서들과 비슷한 주제에 비슷한 내용의 책이 될 확률이 높으므로 고유한 형태의 책이 되기는 힘들다는 단점을 가지고 있습니다. 물론 작가가 필력이 높고 노력을 많이 한 작품의 경우에는 같은 내용임에도 불구하고 읽는 독자가 전혀 다른 감동받을 수는 있지만, 일반적인 프레임과 생각의 흐름이 비슷할 수밖에 없다는 한계성은 분명합니다.

그럼 간단하게 이 방식의 장점 및 단점에 대해서 정리해 보겠습니다.

장점 첫 번째 전체적인 방향설정이 쉽다,
장점 두 번째 독자의 이해 및 판단이 빠르다,
장점 세 번째 구조를 쉽게 만들 수 있다는 점입니다.

단점의 경우 첫 번째 구조가 단순해서 독자가 쉽게 눈치를 챈다는 점이고, 두 번째 구조는 원하는 주장에 꼭 맞는 사례를 찾기가 어려우며, 다른 경쟁도서들과 비슷한 책이 될 확률이 높다는 점입니다. 여기까지 점, 선, 면 입체 방식의 전체적인 내용을 마치고 다음 방식인 블록쌓기 방식을 소개해 드리겠습니다.

블록 쌓기 방식 (압축식 책 쓰기)

이번에는 블록 쌓기 방식에 관해서 이야기하겠습니다.

블록쌓기 방식이라고 이야기를 하니까 아마도 감을 잘 못 잡으실 것 같아서 간단하게 말씀을 드리면, 우선 글을 많이 써놓고 편집을 하는 방식을 블록쌓기 방식이라고 제목을 정한 것입니다. 우선 써놓은 글들을 블록처럼 필요한 것들만 모아서 책을 쓰는 방식이기 때문이지요. 점, 선, 면, 입체방식의 경우에는 이야기하고 싶은 부분을 사례를 덧붙여서 만드는 방식이라 확장형 글쓰기지만 블록쌓기 방식의 경우에는 압축형 글쓰기라고 표현하는 것이 좋습니다. 그런데 재미있는 사실은 최근의 기록적인 판매량을 세우고 있는 베스트셀러들이 대부분 이런 식의 에세이집이라는 사실입니다. 그럼 블록쌓기 방식의 책은 어떻게 쓰는지에 대해서 알아보도록 하겠습니다.

이것을 제가 깨닫게 된 이야기를 말씀 드리겠습니다. 우선 제가 첫 번째 책을 낸 후 굉장히 판매가 저조하고 스스로에게도 만족하지 못하는 책이 나오자 저는 자신에게 굉장히 실망하고 다시는 책을 내지 않겠다고 마음을 먹고 있었습니다. 그런데 굉장히 우연한 기회에 출판사 사장님께서 제 방송을 보시고 오셔서는 제가 원고 청탁을 하시게 되었던 것이지요. 저는 일단 제가 소개한 책 중에서 가장 기억에 남는 책들을 100권을 뽑아서 보내드리면서 소개한 내용 이외에 제가 그 책 속에서 깨달았던 이야기들을 더 넣어서 보냈습니다.

그중에서 45권 정도를 뽑아서 책을 만들어주시더군요. 그러고 나서 3달 만에 1쇄가 다 팔리는 것을 보면서 아 이런 식으로 책을 만들어도 되는구나 하는 사실을 알게 되었습니다. 그러고 나서 다시 베스트셀러들을 읽어 보았습니다. 저는 그동안 그 사람들이 뛰어난 감성으로 그 글들을 썼을 것이라고, 그런 것이라고 생각을 했었는데 다시 보니 그런 게 아니라 모든 감동을 그리고 공감을 적었던 것입니다. 자신이 본, 영화, 책, 공연, 사건, 경험 등을 그때그때 적으면서 자신의 가슴이 터질 것 같은 그때 상황의 이야기들을 고스란히 마치 사진의 한 장면처럼 담아서 썼던 것입니다. 그리고 그 글들을 다시 다듬고 다듬어서 그중에서도 옥석을 가려 좋은 글들만 간추려 책을 냈다는 사실이었습니다. 저는 깨달았습니다. 내가 감동한 이야기가 남에게도 감동을 줄 수 있다는 아주 기초적인 사실이었습니다. 만약 지금 책을 쓰시고 싶으신 분이라면 지금 당장 내가 하고 싶은 이야기, 감동 받은 이야기, 책에서 읽은 이야기 그리고 지혜를 얻은 이야기를 적어보세요. 그리고 그것은 써 놓고 잊어버리고 사시다가 어느 순간 책을 쓰고 싶을 때 그 글들을 모아서 내신다면 다른 사람들을 감동하게 할 수 있는 책, 멋있는 책을 쓰실 수 있을 것입니다.

일단 글을 쓰는 것까지는 좋습니다. 문제는 아무리 에세이라고 해도 기본적으로 분류는 되어 있어야만 한다는 것입니다. 예를 들어 세상을 비판하는 이야기인지 아니면 세상의 아름다움을 찬양하는 이야기인지는 분류해 놓아야지만 읽는 사람이 읽기 전에 기초적인 마음의 준비를 하고 읽어볼 수가 있겠지요. 재미있는 것은 글 쓰고 나서 오래 지나 직접 읽어보기 전에는 그 글이 제목만 가지고서는 무슨 글인지 어떤 종류의 글인지 심지어는 반선을 위한 반대의 제목을 가진 글인지 파악할 수 없다는 것이지요. 그래서 자신만의 카테고리를 만들어서 분류해 놓는 것이 좋습니다.

여기서도 제가 책을 쓴 방식을 이야기하면 우선 첫 번째 책의 판매량은 좋았지만, 문제는 이야기를 푸는 방식에 불만을 가진 분이 있었습니다. 가장 큰 문제는 다음 장에 무슨 이야기가 나올지 전혀 예측할 수가 없고, 책의 전반적인 장르가 무엇인지 알 수가 없다는 것이었지요. 그래서 기존의 잘나간다는 책들을 보니, 과연 책을 편하게 독자들을 위한 배려가 확실하게 되어있더군요. 그래서 책을 소개한 내용과 제가 생각한 내용을 분리해서 폴더를 만들어 저장했습니다. 그리고 소개한 내용 중에서 건강, 경제, 교육, 독서 등을 각각에 폴더에 나누어서 저장한 후 다시 읽어보았습니다. 읽어보았더니 전혀 다른 내용의 폴더에 저장되는 경우도 많아서 많이 편집을 한 후 전체적인 내용을 폴더별로 읽어보고 전체 내용을 다시 정리해서 한 개의 장으로 만들었습니다. 그래서 책을 읽는 사람들이 보다 찾기 쉽고 보기 쉬운 책으로 만들었지요. 예를 들면 경제에 관한 장이라면 맨 앞에 경제에 관한 생각이라고 까만색 페이지로 설명해 놓고, 다음에 왜 그런 생각들을 하게 되었는지 책들을 소개하는 방식으로 했던 것입니다.

이 책의 경우 개인적으로 편집이나 구성 그리고 책의 도안에 이르기까지 제 마음에 꼭 들었던 책으로 기억됩니다. 그리고 이 책을 읽고 멀리서들 오셔서 이야기를 나누고 가신 분들이 계시는데 한 여자분은 자신은 "책을 쓰고 싶은데 어떻게 써야지 좋으냐?"라고 물어보셔서 한참을 말씀드리다 보니 제 생각이 깊어져서 이처럼 『책 속의 길을 가다』라는 강의와 책을 쓰게 된 것입니다. 책을 쓴다는 것은 많은 사람의 마음을 바꿀 수 있는 일이기에 더 재미있는 일인 것 같습니다. 이 부분만 기억하세요. 폴더를 장르별로 나누고 저장을 하세요.

세 번째 – 책 제목을 정한다

이 경우가 생각 외로 굉장히 어려운 부분입니다. 원래 제 첫 번째 책의 제목은 『리젝트 파워』로 나왔지만 사실 한 줄의 글을 읽고 시작을 한 것이었습니다. 'NO라고 말해야 행복해질 수 있다.'라고 말이죠. 그런데 제목이 거절의 힘이 되었다가 결국에는 『리젝트 파워』로 나왔습니다. 그리고 두 번째 책의 경우에는 원래 수많은 생각이 있었지만 제 생각에는 '책을 죽이게 소개하는 법', '책 속으로 뛰어든 남자' 등등 많은 생각이 있었지만 역시 출판사 사장님의 권유대로 『나를 바꾼 한 권의 책』으로 냈습니다. 세 번째 책의 경우에는 제가 욕심을 많이 내서 양보하지 않으려고까지 했었는데 세 번째 책의 제목을 사실 '10여 년 동안 1,000권이 넘는 책들을 소개하면서 책 속에서 깨달은 것들'이라는 제목으로 갈까 했지만, 그 제목은 책 아래 넣고 『나를 깨우쳐 준 한 권의 책』이라는 제목으로 가게 되었습니다. 사실 자비출판이거나 최고의 작가가 아닌 이상 책을 내 주는 투자자인 출판사 사장님의 권유나 편집장의 의견을 무시할 수가 없습니다. 그들의 경우에는 자신들의 이익이 걸려 있는 문제이니까요.

사실 세 번째 책의 제목은 패러디해서 낼까도 생각을 많이 했었습니다.

'천 권을 소개하면 비로소 보이는 것들', 베스트셀러의 제목을 짜깁기한 형태였지요. 이렇게까지 제목에 대해서 많은 생각과 이야기를 하는 이유는 재미있게도 책의 제본과 광고, 그리고 무엇보다도 제목이 책의 판매를 좌지우지하는 아주 중요한 요소이기 때문입니다. 자신이 어떤 이야기를 쓰든지 간에 그 안의 내용을 읽히기 위해선 독자가 집어들어야만 하고 집어들기 위해서 무조건 제목이 사람들의 마음속에 들어갈 수 있는 제목이어야만 한다는 것입니다.

저는 개인적으로 소설 중에서 『배금』이라는 소설을 좋아합니다. 이 책의 내용을 보면 기가 막힙니다. 오락실에서 아르바이트하던 청년이 10년도 안 되는 세월에 신흥대기업의 총수가 되어서 일본 최대의 방송국을 인수한다는 내용이지요. 그런데 대충 만든 것이 아니라 안의 내용의 섬세함이 전부 살아 있습니다. 그것도 그럴 것이 실제로 있었던 사건을 실제 사건의 주인공이 직접 썼기 때문이지요. 그런데 문제는 『배금』이라는 단어 자체가 무슨 뜻인지 사람들이 모르기 때문에 많이 읽히지 않았다는 사실입니다. 원래 『배금』이란 단어는 일본에서 쓰는 단어로 '황금 만능주의' 정도로 해석하면 됩니다. 그런데 제목의 섬

세함이나 전파력이 약하니 사람들이 제목만 보고선 들지 않게 된다는 것이지요.

다시 한 번 말씀 드리지만, 제목은 책의 가장 중요한 부분입니다. 수많은 제목을 생각하고 만들어보고 전체적인 내용을 다시 한 번 생각해서 내용을 기가 막히게 소개할 수 있는 제목을 만드는 것이 굉장히 중요합니다.

그렇다면 블록쌓기 방식의 장점은 무엇일까요?

첫 번째 - 내용이 충실한 책을 쓸 수가 있습니다.

내용이 충실한 책이 될 수 있는 이유는 바로 그때그때 내가 생각한 것들을 쓰기 때문입니다. 책 소개를 오랫동안 하면서 쓴 글들은 전부 한 장씩 일주일 이상의 시간을 들여서 쓴 글들이었습니다. 그것도 책을 읽고 쓰고 고민을 해서 발표까지 하다 보니 글의 이해도가 높았으며, 아이디어가 많이 들어가 있었지요. 게다가 직접 읽거나 방송에서 이야기해야만 했기 때문에 읽기가 편한 글로 되어 있었습니다. 따라서 한 장 한 장의 글들이 살아 있다 보니 내용 역시 한 장 한 장이 살아 숨 쉬는 좋은 책이 될 수가 있었습니다.

마찬가지로 여러분들도 이런 식으로 생각이 날 때 쓰고 싶은 글들은 쓰거나 정기적으로 글을 써서 발표한 글들을 모아서 낸다면 내용이 좋은 책을 만들 수 있게 됩니다.

두 번째 -사례가 풍부합니다.

일단 책을 쓸 때 가장 고민이 되는 부분이 바로 사례인데요. 내가 어떤 생각을 주장하는 것은 첫 번째 문제이지만 내 주장이 사람들에게 피부로 와 닿게 만들 수 있는 것은 바로 사례가 되기 때문입니다. 제가 쓰는 글 중에서 가장 사례에 와 닿았던 글은 바로 건강에 관한 글들이었습니다.

누구에게나 필요한 글이었으며 보편적으로 건강을 지키는 방법에 대해서 이야기했기 때문이지요. 그중에서도 이시형 박사의 글을 예를 들어보면 이런 것입니다. 다음은 제가 쓴 글 일부입니다.

〈이시형 박사가 말하는 건강의 핵심은 면역력입니다. 그리고 면역력의 핵심은 장에서 나온다고 합니다. 즉 소화흡수가 잘될수록 면역력이 강해지고 건강해진다는 것이지요. 특히 소화라는 것의 한자를 풀이해 보면 새로운 것으로 변화시킨다는 뜻이지요. 따라서 우리가 건강하기 위해선 일단 먹는 것이 좋아야 한다고 이야기합니다. 특히 인스턴트 음식이나 조미료가 듬뿍 들어간 음식의 경우에는 소화흡수율을 떨어뜨려서 몸을 망치게 된다고 이야기해주고 있습니다. 그래서 인스턴트 음식을 멀리하고 발효음식을 위주로 식사하는 습관을 지녀야 한다고 이야기해주고 있습니다. 즉 건강하고 병 없이 살려면 음식을 가려야 한다는 것이지요. 장이 건강하기 위해선 두 번째로 잠의 질과 양이 중요한데 밤 10시에서 새벽 2시 사이에 잠드는 습관이 아주 중요하며 6시간에서 8시간 정도 충분한 수면을 취해야만 좋다고 이야기해주고 있지요. 그래야만 건강한 장을 가질 수 있습니다.〉

이처럼 그냥 내가 머릿속에서 생각이 나서 쓴 글들보다 정확하고 재미있는 글을 논리적으로 쓸 수가 있기 때문에 수많은 사례를 원활하고 논리적으로 사용할 수 있습니다.

세 번째 – 당시의 감동과 깨달음이 그대로 살아있다.

책을 쓰는 과정은 마치 먼 길을 가는 것과도 같습니다. 그래서 처음에 찾아본 길이 잘못되었으면 다시 길을 찾아서 가야만 하는 것처럼 내가 처음에 생각했던 것이 잘못되어서 전혀 다른 생각으로 바꾸어 내용이 바뀌는 경우는 흔하게 일어납니다. 그러면서 책의 완성도가 올라가는 것이지요. 그러나 이러는 와중에 안타깝게도 같이 잊혀버리는 것이 있는데, 그것은 바로 그때의 감정이나 생각 등 순간적인 느낌이 사라져버리게 된다는 것입니다.

예를 들어서 눈물이 날 정도로 감동적인 음악 무대를 보았다고 생각을 해봅시다. 자신도 모르게 흐르는 눈물을 주체하지 못하는 감동을 간직하게 됩니다. 그러나 그 똑같은 무대를 하루가

지난 후에 다시 보았을 때, 그 감동은 반으로 줄게 됩니다. 눈물도 아마 나지 않을 것입니다. 어쩌면 그 무대의 단점만 보여서 내가 왜 그렇게 눈물을 흘렸는지 후회를 하게 될지도 모릅니다.

만약 처음에 감동적인 무대를 본 후에 쓴 글이 있다면 그때의 감정과 느낌이 그대로 살아 있는 글을 남길 수가 있지요. 왜냐하면, 인간은 끊임없이 변화하는 존재이기 때문입니다. 자신의 감동 순간을 글로서 적는 것은 아주 중요한 부분입니다. 이처럼 자신의 감동적인 순간을 글로서 남겨 놓으면 한 장 한 장에 좋은 감정이 들어가 있는 책을 만들 수가 있게 됩니다.

블록쌓기 방식은 이렇게 좋은 장점이 많지만 반면에 피할 수 없는 단점 역시 존재합니다. 이제부터 한가지씩 알려드리도록 하겠습니다.

첫 번째 – 구조가 약하다

블록쌓기 방식의 경우는 먼저 써놓은 글들을 조립하는 형태로 쓴다고 말씀을 드렸습니다. 그러다 보니 여러 가지 주제에 대해서 광범위하게 이야기를 모아야지 책을 만들 수가 있습니다. 결국, 책 한 권에 너무 많은 범위의 이야기를 하다 보니 읽는 사람이 이 책의 주제가 무엇인지 놓치게 될 수가 있습니다. 제가 쓴 책 중에서 세 번째 책인 『나를 깨우쳐 준 한 권의 책』의 경우 두 번째 책의 경우에서 조금 더 신경을 써서 많은 부분을 더 넣어서 정리하고 교육, 경제, 문화 등등 여러 부분에 대해서 책을 소개했는데 읽어보신 분들의 경우에는 크게 두 가지로 나누어서 평가가 이루어졌습니다. 좋게 보신 분들은 정말 엄청난 내용의 책을 보아서 좋았다는 점이었고, 반대의 경우에는 너무 산만할 정도로 많은 내용을 다루고 있어서 이 책이 알리고자 하는 바가 무엇이지 파악하기 힘들었다는 이야기였지요. 저는 그 시점에서 깨닫게 되는 점은 바로 독자들은 책을 읽을 때 대부분 한 가지로 집약이 될 수 있는 주제에 대해서 기대를 하고 읽는다는 점이었습니다. 예를 들면 『멈추면 비로소 보이는 것들』의 경우에는 자신의 마음의 평안을 위해서 스스로 힐링하는 방법에 대해서 수많은 주제를 집약했으며, 『아프니까 청춘이다』의 경우에도 마찬가지로 청춘이 힘들어 하는 것을 이해하면서 힐링해주는 이야기들로 모여 있었던 것입니다. 자신이 하고 싶은 이야기가 많다고 해서 그 이야기를 다 적게 된다면 읽는 독자가 지치게 될 수 있기 때문에 구조가 약할 수밖에 없는 이 방식의 단점일 수밖에 없습니다.

두 번째 – 독자에 따라서 평가가 극과 극으로 나뉠 수가 있다

방금 앞에서도 말씀을 드렸지만, 책을 쓸 때 그때그때 감정과 느낌에 충실한 글을 쓰다 보니 읽는 사람의 입장에선 읽는 상황에 따라서 전혀 다른 느낌을 받을 수밖에 없다는 것이 한계라는 점입니다. 예를 들어서 자신은 너무나도 추운 날의 이야기를 적어 놓아서 마치 면도칼이 온몸을 스치는 듯한 고통을 이야기하고 있는데 읽는 사람은 너무 더워서 열사병에 걸릴 것 같은 상황에서 그 글을 읽고 있다면 아마도 그 책에 공감하지 못하게 될 것입니다. 마찬가지로 글 속에 살아 있는 감정과 느낌이 그대로 독자에게 전달되기 위해선 그 사람이 비슷한 취향의 사람이거나 아니면 비슷한 상황을 겪어보지 않고서는 굉장히 힘들다는 점입니다. 그래서 베스트셀러 책들의 경우에는 누구에게나 보편타당할 정도로 광범위한 주제들에 관해서 이야기하는 경우가 많은 것이지요. 예를 들어서 『멈추면 비로소 보이는 것들』 중에서 이런 이야기가 있는데요. "누군가가 나를 미워하는 것을 싫어하지 마세요. 어차피 모든 사람이 나를 다 좋아해 줄 수는 없으니까요. 게다가 엄밀히 말을 하면 그 사람이 나를 싫어하는 것은 그 사람의 문제이지 내 문제가 아니니까 너무 신경 쓰지 마세요." 라는 부분을 읽으면서 그렇게 공감이 갈 수가 없었습니다. 이처럼 누구에게나 있을 법한 이야기를 관점을 바꾼 감정의 이야기를 한다면 더 많은 사람이 공감해줄 수 있을 것입니다. 그러나 대부분 감정이나 느낌이 워낙에 개인차가 큰지라 쉽지는 않습니다.

앞에서 말씀드린 것처럼 블록쌓기 방식의 경우에는 압축형 글쓰기다 보니 많은 글을 최대한 모아서 책 한 권을 써야만 합니다. 그러려고 보면 막상 쓴 글의 면면이 굉장히 비슷하다는 느낌을 받게 됩니다. 예를 들어서 제 경우를 말씀드려보겠습니다. 제가 처음에 책을 소개하고 나서 석 달 정도 지난 시점에 담당 PD한테 가서 혼이 난적이 있습니다. 이유는 왜 날마다 비슷비슷한 책들만 소개하느냐 하는 것이었습니다. 그래서 전에 소개하던 사람도 그런 이유로 탈락했다는 사실을 듣고서 저는 제가 읽지 않았던 연애 소설에서부터 천문학, 그리고 건강, 철학, 교육에 관한 책까지 전혀 생각지도 못했던 분야의 책들을 읽어야만 했습니다.

문제는 워낙에 기초지식이 없는 중에 억지로 읽다 보니 토할 것처럼 힘들었지만, 책을 소개하기 위해서 열심히 읽은 결과 많은 분야를 개척할 수가 있었습니다. 그런데 그러면서 제가 좋아하는 저자들의 책을 읽어보니 역시 비슷비슷한 생각과 느낌이 가득 차 있었다는 사실을 알게 되었습니다. 신기한 것은 유명한 저자들의 경우, 그 경험과 지식의 크기가 워낙에 크다 보니 글들이 전혀 다른 느낌으로 다가오는 것이 달랐던 것이지요. 그리고 그렇게 책을 많이 읽고 공부를 많이 하는 저자들 역시도 일 년에 한 권 이상의 책을 내기는 힘들었습니다. 왜냐하면, 중

복되는 수많은 생각을 배제해서 책을 만들어야만 했기 때문이
지요.

　책을 쓴다는 것은 사실 수많은 생각을 한 권의 책 속 안에 넣
는다는 의미이기도 합니다. 그렇다면 다른 사람들에게 전혀 다
른 의미의 글들과 다른 관점의 생각을 전해 주기 위해선 가장
중요한 것이 바로 오랜 시간의 생각이 가장 중요하기 때문입니
다. 앞에서 소개한 점, 선, 면 입체 방식의 경우에는 목표를 보
고 달려가는 것처럼 쓰면 빨리 쓸 수 있지만, 이 경우에는 오랫
동안 천천히 쓰다가 모아야만 그 결과를 볼 수 있기 때문에 최
소한 일 년, 심지어는 몇 년의 시간이 필요한 경우도 있습니다.
　제가 소개한 마지막 방식의 글쓰기는 스토리텔링 방식입니
다.
　그럼 스토리텔링 방식은 어떤 식으로 글을 쓰는 것일까요?

첫 번째– 원하는 주제의 이야기를 찾는다

이것은 점, 선, 면 입체방식과 마찬가지로 확장형 이야기이
지만 이야기를 전개하는 방식 자체가 점, 선, 면 입체방식의 경
우 생각을 확장하는 편으로 이야기하지만, 이것은 한 가지 흐름
으로 이어지는 스토리텔링 형식을 취하고 있기 때문에 한가지
이야기를 가지고 전개하는 것입니다. 예를 들어서 우리가 많이

알고 있는 『마시멜로 이야기』를 가지고 이야기를 해봅시다. 우선 처음에 나온 이야기가 백만장자가 자신의 운전기사에게 이야기해줍니다. 그러면서 왜 돈을 아껴야 하는지 설명을 해주는데 거기서 어린아이들을 데리고 한 마시멜로 이야기를 해주지요. 그러고 나서 인내심이 강한 아이들이 성공한다는 이야기를 해줍니다. 마찬가지로, 다른 예를 들어보면 『누가 내 치즈를 옮겼을까?』라는 책에서도 보면 돈을 빌리러 온 친구에게 식사하면서 이야기하던 중에 창고에 있는 쥐와 작은 인간의 이야기들을 해주면서 세상이 바뀌기 때문에 우리는 끊임없이 변화를 받아들일 준비를 해야 한다고 이야기를 하지요. 이뿐만이 아닙니다. 고대에서 내려오는 『이솝 이야기』 같은 경우에도 이런 식으로 이야기해 줍니다. 이처럼 이야기는 사람들을 집중시키는 힘이 있기 때문에 내가 하고자 하는 이야기를 뒷받침해 줄 수 있는 이야기를 만드는 것이 중요합니다. 그런데 대부분 교훈의 경우에는 실생활에서 적용되므로 실제 뉴스나 사건 중에서 뽑아서 이야기를 만들어 보는 것이 좋습니다.

두 번째 – 주인공의 위기를 이야기한다.

하고자 하는 이야기가 정해지고 '이야기를 어떤 것으로 할 것이다.'라고 마음을 정했을 때 이번에 할 일은 바로 주인공의 위기를 이야기해야만 합니다. 왜 주인공은 그런 위기에 처하게 되었느냐는 분석도 물론 필요하겠지요. 예를 들어 돈을 많이 써서 빚에 몰리게 된 사람이 있다고 생각해 봅시다. 자신은 아무리 생각해도 돈을 마구 쓴 것 같지 않은데 이미 빚이 몇천만 원이 되어서 신용불량자가 되어야만 하는 궁지에 몰리거나, 아니면 남의 빚보증을 잘못 서서 대신 빚을 갚아야 하는데 돈이 없어 자살을 생각하는 사람이 있다고 생각해 봅시다. 둘 다 심각할 정도로 문제가 있지만 스스로 무엇이 문제인지 그리고 어떻게 해결해야 할지 모른다는 공통점을 가지고 있지요. 이처럼 내가 하고자 하는 이야기가 정해진 다음에는 주인공의 위기를 통해서 독자를 집중시키는 방식을 찾는 것이 좋습니다. 물론 주인공이 그냥 자살하거나, 파산해서 노숙자가 되는 이야기가 된다면 해결책이 없겠지요. 하지만 책 속에서 스스로 문제점을 파악하고 자신의 문제점을 파악하는 데까지는 스스로 해결하고 문제를 해결하는 방법을 찾는 사람으로 설정하는 것이 좋습니다. 그런데 스스로 아무리 노력해도 어쩔 수 없을 때 다음 단계로 넘어가게 되는 것입니다.

세 번째 – 멘토가 등장해서 설명하고 해결해준다

주인공이 자신의 문제점을 스스로 파악하고 해결할 수 없다고 판단했을 때 드디어 멘토가 등장합니다. 원래 현실에선 멘토 따위는 존재하지 않습니다. 원래 모든 문제는 자신이 스스로 풀거나 가족이 도와주지 않으면 해결할 수 없습니다. 그런데 재미 있는 사실은 아무리 가족이 도와주고 설명해주어도 알아듣지 못하고 똑같은 일을 저지르는 경우가 많으므로 전혀 모르는 남 인 멘토가 하는 말이 귀에 쏙쏙 들어옵니다. 신기하지요. 그래 서 스스로 문제를 해결하지 못한 주인공이 멘토를 찾아갑니다. 그리고 어떻게 해야만 하냐고 묻지요. 그때 멘토는 바로 답을 해주지 않고 왜 자신이 그렇게 되었는지 아느냐고 묻습니다. 그 리고 주인공이 대답하지요. 사회적인 문제, 경제적인 문제, 할 수 있는 모든 문제에 대한 파악을 알려줍니다. 그러나 멘토의 대답은 모두 같습니다. "그건 바로 네가 제일 큰 문제다" 라고 말이죠.

모든 일은 내가 잘못해서 그런 것인데 왜 자꾸 외부에서 문 제의 해결책을 찾느냐는 것이죠. 그러면서 스스로 변화해야지 만 이 위기에서 벗어 날 수 있다고 이야기해주고 벗어날 수 있 는 기초적인 방법부터 알려줍니다.

예를 들어 설명하자면. 우선 빚을 너무 많이 져 신용불량자 의 위기에 처한 젊은이가 있다고 생각을 해보세요. 그런 경우 자신이 왜 쓸데없이 신용카드를 쓰게 되었는지 생각을 안 하는 경우가 많습니다. 그리고 빚보증 섰다가 자살하려고 하는 사람 들의 경우에는 거절을 못 하는 문제점이 있다는 사실이지요. 그래서 멘토는 그들에게 이야기합니다. 일단 "한 가지만 고쳐

봐" 라고 말이죠. 그리고 나서 그들을 변화의 길로 조금씩 인도
합니다.

다음은 스토리텔링 방식의 장단점에 관해서 알아보도록 하
겠습니다.

첫 번째 장점 – 이야기의 부드러운 전개

앞에서 말한 블록쌓기 방식의 경우 압축식 전개를 해야 하기
때문에 전 과정 그리고 다른 이야기들이 너무 많이 들어가 있어
서 독자가 글을 읽는데 한 번에 읽기가 힘들다는 단점이 있습니
다. 다른 방식인 점, 선, 면, 입체 방식의 경우에도 역시 자신의
이야기를 하기 위해서 억지로 붙이는 사례가 늘다 보면 읽는 사
람이 짜증이 나서 결국 책을 덮게 되는 경우가 많지요. 그렇지
만 스토리텔링 방식의 경우 앞에서부터 끝 부분까지 이야기 형
식으로 되어 있어서 정 과장의 전개가 물이 흐르듯 흘러가기 때
문에 읽는 사람이 편합니다. 그뿐만 아니라 필자에게도 분량을
채우는 데 아주 중요한 역할을 합니다. 점, 선, 면, 입체 방식의
경우 한 장 한 장에 무언가 보여주어야만 한다는 부담감이 넘칩
니다. 그래서 한 장을 써놓고도 그게 부족한지 걱정이 되지만
스토리텔링 방식의 경우에는 대화를 통해서 이야기를 전개하기
때문에 분량을 채우는 데 별로 부담을 느끼지 않습니다. 사실
우리가 알고 있는 베스트셀러 중에 많은 책이 작은 주제와 이야

기만 가지고서도 한 권의 분량을 채우는 데 스토리텔링 방식이
사용된 이유도 여기에 있는 것입니다.

두 번째 장점 – 독자와 필자의 몰입도가 높다

우선 독자의 경우에서 한번 봅시다. 대학을 나와서도 학자금
대출을 갚기 힘든 현실과 취직 자체가 하늘의 별 따기가 된 현
실 속에서 그런 미래에 대한 희망이 없는 젊은이를 주인공으로
삼았다고 생각해 봅시다. 그러면 그 주인공에게 수많은 젊은이
가 공감하게 될 것입니다. 일단 읽는 순간 빠져들어 갈 확률이
높습니다. 그래서 스토리텔링의 경우 독자를 끌어들이는 데 아
주 중요한 역할을 합니다. 게다가 필자의 경우에도 마찬가지가
되는데요. 다른 방식들의 경우에는 내가 주장을 하는 내용이나
생각하는 내용을 적은 것이지만 이 방식의 경우에는 저자 자신
이 그 주인공이 되어서 그 주인공의 관점으로 세상을 바라보고
문제점과 해결책을 생각하게 됩니다. 그래서 어떤 방식보다 몰
입도가 높아질 수밖에 없습니다.

세 번째 장점 – 인물 간의 대화를 통해서 체험성이 높다

인물 간의 대화라는 부분은 주목해야만 합니다. 일반적인 설
명문식 책이나 에세이식 책 소개의 경우 그 사람이 나에게 말을
하는 형식으로 되어있어서 일방적으로 듣는 듯한 느낌을 받습

니다. 그러나 스토리텔링의 경우에는 두 사람의 대화를 제삼자가 듣는 듯한 느낌을 받게 됩니다. 이렇게 읽게 되면 일반적으로 듣는 것보다 체험성이 높아지게 되는데 이것은 마치 장기를 둘 때 직접 둘 때는 생각을 못 하지만 옆에서 보면 훈수를 둘 수 있는 것처럼 그 사람들이 직접 생각하지 못하는 부분까지 생각할 수 있게 되는 것과 같습니다.

그래서 많은 드라마나 영화 등이 직접적인 해설보다도 두 사람의 대화를 통해서 이야기를 전개하는 방식을 채택하고 있는 것입니다. 대화식으로 전개하면 필자에게 좋은 것이 한 가지 더 있는데 그것은 바로 전체적인 분량을 많이 늘릴 수 있다는 점입니다. 사실 필자에게 한 권의 책의 분량을 사람들이 읽을 수 있는 분량만큼 늘린다는 것이 쉽지가 않습니다. 그러나 대화를 통하면 충분하게 필요한 양만큼 늘릴 수가 있기에 많이 사용하고 있습니다.

그러면 장점은 살펴보았고 단점에 대해서도 알아보도록 하겠습니다.

첫 번째 단점 – 주제에 꼭 맞는 이야기를 찾기가 힘들다

앞에서 자신의 주제에 맞는 이야기를 찾아야 한다고 말씀을 드렸습니다. 그러나 시작하자마자 이 부분에 문제가 되는데요. 내가 이야기하고자 하는 것과 전체적인 이야기가 같은 방향으로 가기 위해선 우선 중심 주제가 같은 이야기를 찾거나 창조를 해야만 하는데 꼭 같은 이야기를 찾거나 만든다는 것이 정말로 어렵기 때문입니다. 사람들이 너무 많이 들은 이야기도 안 되고 그렇다고 너무 생소한 이야기도 안 됩니다. 많이 들어 본 익숙한 이야기 속에 사람들이 모르는 디테일이 살아 있는 이야기가 좋습니다. 그래서 만든 이야기보다는 실제 있었던 사건이 이야기를 만들기가 좋습니다. 그래서 그런 이야기를 찾기 위해선 수많은 자료와 사건 그리고 책을 읽어야만 가능합니다.

두 번째 단점 – 도입부와 마감부가 굉장히 어려움

우선 소설방식이기 때문에 일단 독자가 혹하는 이야기로 앞부분을 잡아야만 합니다. 그런데 요즘 워낙에 많은 정보가 판치는 세상에 독자들이 혹할 만큼 재미있는 이야기를 찾는다는 것이 쉽지 않습니다. 게다가 어떻게 독자들이 혹할 만한 이야기를 찾았다 하더라도 마감부는 더 힘듭니다. 이 이야기를 그냥 교훈만 남기고 끝낼지 아니면 행복한 결말로 갈지 슬픈 마무리로 갈지 아니면 전혀 다른 방향의 이야기로 전개할지 판단하기가 쉽지 않기 때문입니다.

세 번째 단점 – 내가 원하지 않는 방향으로도 갈 수도 있다

스토리텔링 방식의 경우 이야기가 너무 예측하는 데로만 흘러갈 경우 독자가 이야기를 쉽게 판단해서 흥미를 잃을 수가 있습니다. 예를 들어 남의 빚보증을 잘못 서 자살하려던 주인공이 멘토를 만나서 문제를 해결하고 잘 먹고 잘 살았다고 이야기를 마무리해버리면 독자들은 쉽게 흥미를 잃게 되지요. 그래서 이야기 속에 주인공이 자신이 당연하다고 생각하지만, 그것이 문제가 되어서 결국 같은 위기가 반복되거나 전혀 예측 못 한 위기가 찾아올 때 독자들은 그것을 어떻게 해결할지를 알기 위해서 긴장을 늦추지 않고 끝까지 읽게 되는 것입니다. 어떻게 보면 스토리텔링은 전달하고자 하는 내용과 이야기의 전개방식 두 가지 모두 염두에 두고 써야 하므로 두 배로 힘든 방식이기도 합니다.

그럼 여기까지 책을 쓰는 방식에 대해서 말씀을 드렸습니다. 다음엔 많이 읽히는 책을 만드는 법을 알려드리겠습니다.

많이 읽히는 책을 만드는 법

첫 번째 – 자비출판은 될 수 있으면 피하라

우선 책을 쓰고자 하는 사람들이 그렇게 많은 줄은 정말로 몰랐습니다. 저 같은 경우에도 첫 번째 책을 내기 위해 백 군데가 넘는 출판사에 원고를 보내고 거절을 당한 적이 너무 많았습니다. 재미 있는 것은 책을 쓸 때는 두 달 정도 걸려서 썼는데 막상 다듬는 데 걸리는 시간이 2년 이상이라는 사실입니다. 그때 제일 많이 들었던 이야기가 바로 자비출판을 하라는 것이었습니다. 자비출판을 하게 되면 싸게는 500만 원에서 많게는 1,500만 원까지 들어가는 데 그나마 쓴 책들도 역시 팔리지 않고 집 안에 쌓아 놓고 있어야만 하는 경우를 많이 보았습니다. 내가 내 마음대로 제목을 정하고 내 마음대로 편집하는 책은 내가 보기에는 좋지만 다른 사람들이 보기에는 별로 좋지 않은 경우가 많습니다. 게다가 출판사에서 인정을 받지 않은 도서가 사람들에게 읽히기는 쉽지 않습니다. 즉 자비출판을 하게 되면 내가 원하는 책을 쓸 수는 있지만, 사람들에게 널리 읽히는 책과는 거리가 멀어지게 되기 때문에 될 수 있으면 출판사의 투자를 받아서 책을 내는 것이 가장 중요합니다. 만약 출판사가 거절하거나 부족하다고 이야기를 하면 그들이 원하는 방식으로 맞추어서 내는 것 또한 아주 중요합니다. 이처럼 책을 널리 읽히기 위해선 우선 출판사의 인정을 받는 것이 최선입니다.

두 번째 – 책이 홍보에 최선을 다할 것

세 경우를 보면서 말씀을 드리겠습니다. 첫 번째 책이 나왔을 때 그때의 감동은 말로 다할 수 없었습니다. 세상에 내가 쓴 책이 팔린다고 생각하니 마치 당장에라도 베스트셀러 작가가 되어 사인회를 하고 다닐 것만 같았지요. 그리고 대단한 일을 한 것으로 생각해서 겸손하게 책을 쓴 것을 알리지 않고 아는 사람들에게 선물하는 정도로만 끝냈습니다.

그랬더니 책의 판매가 너무나도 저조하더군요. 결국, 제작된 책 절반 이상이 남아 출판사도 손해를 보고 저도 마음에 상처를 입어 다시는 책을 쓰지 않겠다고 생각한 적도 있었습니다. 그런데 마침 방송에만 집중하던 차에 다른 출판사 사장님께서 제 방송을 보시고서는 책을 내자고 제안이 들어왔습니다. 이번엔 제가 할 수 있는 모든 홍보를 했습니다. 제가 출연하는 방송마다 소개하고, 인터넷에 올리고, 신문에 광고했습니다. 심지어는 제가 운영하는 서점의 행사까지 진행했지요. 그래서 그런지 어쨌든 책이 1쇄가 2달 만에 다 나가고 2쇄까지 찍게 되었습니다. 그래서 깨달은 사실이 스스로 홍보하지 않으면 아무도 안 도와준다는 것이었지요. 자신의 책의 최고의 홍보부장은 자신이라는 생각으로 홍보해야만 책이 팔린다는 것이지요.

세 번째 – 책의 보완점 완비 후속편 준비

책을 냈다고 모든 것이 끝난 것이 아닙니다. 완전한 책은 존재하지 않습니다. 팔리지 않는 책은 이유를 파악하여 다시 한 번 도전해야만 합니다. 그리고 잘나가는 책은 더 잘나갈 수 있도록 도전을 해야 합니다. 그래서 수많은 베스트셀러 작가들이 한 번 성공을 하면 다음번 책들을 낼 수가 있는 것입니다. 책을 한 번 써서 실패했다고 낙심하지 말고, 많이 팔렸다고 자만해서는 안 됩니다. 책은 끊임없이 진화하기 때문에 더 보완하거나 다른 아이디어로 도전할 때 나 자신이 더 진보하는 것을 확인할 수가 있습니다. 저 자신도 전에 쓴 책을 다시 고쳐서 낼 계획이고 더 나아가서 책들의 내용을 세분화하고 다른 형태의 소설과 에세이를 낼 계획도 하고 있습니다. 또 책 소개에서 더 나아가 저 자신만의 강의를 하여 그것 역시 책을 낼 계획을 갖고 있습니다.

그럼 여기까지 많이 나가는 책을 만드는 방법을 알려드렸습니다. 다음 장에선 전체적인 아서의 장을 정리해 드리도록 하겠습니다.

책을 쓰는 이유

실체화
구체화
자기 브랜드화

책을 쓰는 방식에는 세 가지

첫 번째 점, 선, 면, 입체 방식
두 번째 블록쌓기 방식
세 번째 스토리텔링 방식

많이 읽히는 책 만들기로는 자비출판을 최대한 피하고, 자신이 홍보에 최선을 다하고, 내용 보완을 해서 후속작을 준비하라고 말씀을 드렸습니다.

저만의 경험을 토대로 간단하게 정리해 드렸습니다. 많은 도
움이 되었으면 좋겠습니다.

CHAPTER 6

책 속의 길을 가다

총정리

이제 각자의 책 속의 길로 떠나기만 하시면 됩니다.

강의를 정리하면서 전체적인 내용을 다시 한 번 이야기 드리겠습니다.

우선 종이책 독서의 중요성을 말씀드렸습니다. 종이책은 한정된 정보를 일정한 방향으로 실체를 가진 구체적인 형태로 만들었기 때문이머 독자를 4단계로 나누어서 설명했습니다.

리더 - 책을 읽는 사람
저널리스트 - 책을 정리하는 사람
프레젠터 - 책을 소개하는 사람
아서 - 소개한 책을 정리해서 책으로 쓰는 사람

그리고 이런 방식으로 책으로까지 써야 하는 이유는 책을 읽기만 해서 그 지식이 내 것이 되지 않기 때문이고 반드시 실행해야만 하기 때문이라고 말씀을 드렸습니다.

이제 제 이야기는 모두 끝이 났습니다. 이제 각자의 책 속의 길로 떠나기만 하시면 됩니다. 제 이야기가 세상에 모든 진실을 담은 이야기라고는 할 수 없습니다. 그러나 책을 읽으면서 이 세 가지만은 꼭 기억해주시기 바랍니다.

첫 번째 책을 많이 읽어야만 한다. 하지만 그것만으로는 가지고선 부족하다.

두 번째 자신이 읽은 책을 정리, 발표해서 새로운 의견을 만들어야 한다.

세 번째 자신만의 새로운 이론을 정립, 나만의 책을 만들 때 비로소 진정한 독서의 완성을 이룰 수 있다.

CHAPTER 7

실제로 소개한

책들

TV에서 소개한 책들
라디오에서 소개한 책들
신문에서 소개한 책들

이 안에는 실제로 성공한 사람들의 삶이 들어 있습니다.

이번 장에선 그동안 TV, 신문, 라디오에서 실제로 소개한 책들을 알아보겠습니다. 책을 소개한다면서 소개한 이야기가 빠지면 안 될 것 같아 실어보았습니다.

TV에서 소개한 책들

첫 번째 책으로는 TV에서 이야기가 나온 김에 TV에 관한 책을 소개해 드리겠습니다. 이 글들은 방송에서 사용된 원고를 그대로 올린 것입니다.

이번에는 『TV를 발명한 소년』이라는 책을 소개해 드리겠습니다.

TV가 최고의 발명품이지만 누가 발명을 했는지는 잘 모르죠. 이 책은 TV를 발명한 필로 판스워스라는 사람의 이야기가 담겨 있습니다. 1906년 미국 서부 농장에서 '필로'라는 상상력이 풍부한 소년이 태어났습니다. 필로는 이웃집에 있는 전화기와 축음기에 마음을 빼앗겼지요. 멀리 떨어져 있는 사람도 가까워지게 만드는 전화기와 축음기가 마법과도 같다고 생각했습니다. 그리고 아버지는 필로를 신비한 발명의 세계로 이끌어주셨습니다.

필로는 성장해가면서 라디오를 들으면서 화면이 안 나오는 데 불편을 느끼고 텔레비전을 연구하는 데 관심을 기울였습니다. 그러던 어느 날 열네 살이 된 필로는 감자밭을 갈던 중 쟁기가 지나간 자리마다 생겨난 고랑과 이랑을 보고서 텔레비전 영상을 내보내는 기발한 생각을 하게 됩니다. 화면이 한 번에 보이는 것이 아니라 한 줄씩 구현해서 전체화면을 구축하는 것이지요. 이것을 기본적인 구조로 스케치를 해서 당시 중학교 선생님에게 제출했지요. 그리고 실제로 TV를 만드는 것은 8년이 지난 뒤였습니다.

그 8년 동안에 필로는 발명에도 매진했지만 사실상 투자자를 모으는 데 많은 노력을 하고 있었습니다. 그리고 어느 날 식당에서 두 사람의 투자자에게 6천 달러를 지원을 받고 1년의 기한을 보장받습니다. 1년이 지난 후 필로는 자신의 이론대로 최초의 TV를 제작해서 시연하지만 전압량 계산을 잘못해서 TV는 폭발해버립니다. 보통 사람 같으면 주저앉았겠지만 포기하지 않고 더 많은 투자자를 모아서 가장 기초적인 형태의 TV를 완성해 많은 사람 앞에서 시연합니다. 그 TV에 출연한 사람은 필로의 아내였습니다.

그런데 이런 최초의 TV 완성은 필로에게 시련의 시작이 되었습니다. RCA라는 거대회사가 자신들이 먼저 TV를 만들었다고 소송을 한 것이지요. 재판 당시 RCA는 만약 그가 TV를 만든 것이라면 14살에 기본적인 개념을 만들었다는 것인데 말도 안 된다고 했지요. 그러나 당시 중학교 선생님이 필로의 노트를 들고 나오면서 재판에서 승소하게 되지만 RCA는 무시하고 자신들의 제품을 출시힙니다. 그리고 시간이 지나면서 결국 필로에게 로얄티를 지급합니다. 그때 2치 세계대전이 발발하면시 TV는 출시가 중지되고, 전쟁이 끝나고 저작권이 만료되면서 한 푼도 받지 못하게 됩니다.

이 책의 마지막에 보면 그는 자신이 만든 TV를 원망했다고 합니다. 많은 가정에 문제가 발생이 되고 많은 사람이 중독되어서 문제를 일으키는 것을 보면서 말이죠. 하지만 아폴로 11호의 달착륙이 방송될 때 그는 자신이 인류사에 큰일을 해냈다는 자신을 얻었다고 합니다.

우리가 자주 보고 있는 TV를 만든 사람의 이야기를 아이들에게 들려주시면 TV를 보면서 아이들도 많은 생각을 하지 않을까 합니다.

책을 소개한 후에 뒷부분에는 앞으로 책으로 낼 것을 생각해서 책 소개 후기를 별도로 달아서 만들었습니다.

두 번째로 소개할 책은 제가 주로 많이 소개하는 종류의 책으로 협상의 기술에 관한 책입니다. 제목은 『어떻게 원하는 것을 얻는가?』 입니다.

책 제목 – 어떻게 원하는 것을 얻는가?

이번에는 『어떻게 원하는 것을 얻는가?』 라는 책을 소개해 드리겠습니다.

이 책의 저자 스튜어트 다이아몬드 교수는 협상학을 가르치는 교수입니다. MBA에서 인기 있는 강사이면서 가장 비싼 강의료를 받는 분입니다. 그는 '13년 동안 연속으로 가장 인기 있는 강사'로 뽑히기도 했습니다. 우리가 협상학이라고 하면 일반적으로 높은 자리에 있는 사람들이나 큰일을 하는 사람들만 하는 것으로 생각하지만, 사실은 우리가 일상에서 아주 소소한 것에서부터 목숨을 건 중요한 일까지 모든 일에 대해서 협상을 해야만 한다는 사실에 비추면 이 책은 인생에 꼭 필요한 책이라고 할 수가 있지요. 예를 들면 약을 먹기 싫어하는 아이에게 약을 먹게 하는 것도 협상이고 대기업의 인수합병을 하는 것도 협상의 일종인 것이지요.

제가 책 속에서 받은 굉장히 실전적인 협상의 기술들을 몇 가지 소개해 드리도록 하겠습니다. 이 여자분은 교수의 강의를 들은 사람이었지요. 우선 책의 앞부분에 한 여자가 비행기 시간에 늦어 승강장에서 실갱이를 벌이는 상황입니다. 출발한 비행기는 기장만이 돌릴 수 있다는 원칙을 들었지요. 그리고 비행기를 향해 열심히 유리문을 두드리면서 눈물을 흘리고 가방을 떨어뜨렸지요. 그 뒤 기장이 비행기를 돌려서 다시 비행기를 탈 수 있었다는 얘기입니다. 여기서 우리가 알 수 있는 것은 일반적으로 문제를 해결하려 할 때 눈앞에 있는 상대하고만 협상을 하려는 경향이 있지만, 사실은 문제를 해결하기 위해선 해결권을 가진 사람과 협상을 해야 한다는 것이지요.

특히 주도권을 가진 상대에게는 이성이 아닌 감성으로 접근

하는 것이 좋다는 것을 알려줍니다.

　두 번째는 남미에 '마약과의 전쟁'을 전쟁이 아닌 협상으로 해결한 사례입니다. 우선 미국은 마약과의 전쟁을 선포하고 마약상들을 체포했습니다. 하지만 아무리 마약상들을 잡아들여도 마약 재배지는 여전히 존재했습니다. 이유는 간단했습니다. 그 사람들은 그것 이외에는 먹고 살 만한 작물이 없었기 때문이지요. 그래서 스튜어트 교수는 일단 100가구만 모아서 바나나를 재배하면 그 바나나를 모두 미국에서 사들이겠다고 협상을 합니다. 그 뒤 마약 재배보다 더 이익을 보았다고 소문이 났고 3,000가구가 넘는 마약 재배 가구들은 모두 바나나로 전향해서 현재 마약 재배지가 사라져 버렸지요. 마약값이 아무리 비싸도 원산지에선 싼 법이지요. 결국, 시장의 가격경쟁으로 마약과의 전쟁에서 이긴 것이지요. 객관적 사고가 아닌 보편적 사고의 힘으로 힘이 아닌 대안을 통해서 문제를 해결하는 방법을 선택했다는 것입니다.

　세 번째 이야기는 한 동아리에서 티를 단체로 사기 위해 판매회사를 찾아갑니다. 그런데 그 회사에서는 이렇게 말합니다. "당신들에게 그렇게 판매를 할 수가 없습니다."라고 말이죠. 일단 이 말을 들은 사람이라면 보통 강한 부정의 의미로 생각해서 포기하겠지만 사는 사람은 이 말을 분석합니다. 우선 내게 판매를 할 수 없다. 다른 사람은 가능하다는 뜻이고 판매를 못 한다는 것은 기증은 가능하다는 뜻이 아닌가? 또 당신들이 안 된다면 다른 누군가에는 판매할 수 있다는 것 아니냐는 분석을 통해서 회사의 홍보를 해주고 공짜로 티를 얻어낸 이야기가 있습니다. 이처럼 상대방의 말 속에서 협상의 대상과 방법에 대해서 분석을 할 수가 있지요.

책을 읽으면서 수많은 협상의 도구들에 관해서 이야기가 나옵니다만 일단 협상에 대해서 세 가지 정도로 압축해서 소개를 해드리면 우선 첫 번째 원칙은 협상은 시간과 장소, 상대에 따라서 전혀 달라진다는 것입니다. 따라서 어떤 편견을 가지고 상대를 해서는 안 된다는 것이지요. 즉 상대에 대한 정확한 정보와 판단을 하고 협상에 임해야 한다는 것입니다.

두 번째 원칙은 상대의 감정적인 동조를 얻어야만 한다는 사실입니다. 이것은 이성적인 판단에 앞서서 먼저 얻어야만 하는 아주 중요한 원칙입니다. 특히 상대가 나와 같은 동질감이나 혹은 같은 취미 등을 공유한다는 사실만 가지고도 어떤 협상에서도 유리한 고지에 올라갈 수가 있기 때문입니다.

세 번째 원칙은 바로 협상은 싸워서 이기는 것이 아니라 서로가 원하는 방향을 찾는나는 점입니다. 대부분의 경우 자기 생각과 이익만을 생각해 상대방을 일단 무시하는 것이 협상이 실패하는 가장 큰 원인이지요. 따라서 상대방이 원하는 점과 내가 원하는 점을 찾는데 책 속에선 그런 접점을 찾는 도구가 있습니다. 책을 읽어보시고 인생에서 원하는 것을 얻는 법을 익혀보시기 바랍니다.

책의 제목이 『어떻게 원하는 것을 얻는가?』라는 질문이었지요. 저는 답을 한 줄로 줄여 보겠습니다. "상대가 원하는 말을 하라, 단 내가 필요한 목적을 위해서." 라고 할 수 있습니다.

세 번째로 소개해 드릴 책은 『배금』이라는 실화소설입니다.

이번에는 일본 경제소설 『배금』이라는 책을 소개해 드리겠습니다.

이 책은 2006년 일본을 떠들썩하게 했던 라이브도어 사건이라는 실화를 바탕으로 그 사건의 주인공이 자신의 이야기를 소설로 쓴 책입니다. 라이브 도어 사건이란 신흥 인터넷기업인 라이브도어라는 회사가 후지TV를 인수하려다 결국 부도가 났는데, 그 와중에 무리한 증권거래 위반과 많은 로비 등으로 인해서 당시 일본은 이 사건으로 주식시장이 하루 동안 중지되고 수상이 은퇴할 정도로 큰 사건이었지요. 그런데 당시 라이브 도어의 사장의 나이가 33살에 불과했다는 것이었지요. 이 책은 그 라이브도어의 사장이 자신의 이야기를 바탕으로 쓴 실화소설입니다.

시작은 오락실에서 아르바이트하던 한 청년에게서 시작됩

니다. 그 청년은 다른 젊은이들처럼 미래를 기약하지 못하고 하루하루를 그냥 살아가고 있었지요. 그러던 어느 날 돈 많은 아저씨가 오락실에 나타나서는 아이들에게 돈을 나누어주면서 놉니다. 처음에는 반감을 갖다가 나중에는 친해지게 되고 공원에서 같이 비둘기에게 빵을 나누어주게 됩니다. 이때 아저씨는 청년에게 이렇게 말을 합니다. "비둘기 볼을 알아?", "아니요." 비둘기 볼이란 비둘기가 떼로 몰려들어서 모이를 먹다가 퉁겨져 나간 비둘기들을 가리킵니다. 일반 사람들이 이렇게 힘들게 산다는 뜻이지요. 그러면서 자신을 따라오면 세상에서 제일 큰 쾌락을 가르쳐주겠다고 하면서 고급 바에, 식당에, 술집에 데리고 갑니다. 거기서 청년은 상상도 해보지 못한 세상을 보게 됩니다. 자신이 일 년 동안 벌어야 살 수 있는 포도주와 평생을 벌어도 갈 수 없는 술집, 그리고 최고의 재벌들만 먹는다는 음식을 먹으면서 이 사람이 누군지 의심하게 됩니다. 그때 아저씨가 이렇게 이야기를 하지요. "부자가 되고 싶어?" 이 말은 들은 청년은 생각도 하지 않고 "네"라고 이야기합니다. 저자는 이것을 악마와의 계약이라고 하지요.

아저씨는 주인공에게 200만 엔과 몇 가지 원칙을 알려주면서 사업 아이템을 만들어 오라고 하지요. 사업 아이템을 선정할 때 자신은 컴퓨터 프로그램을 배워서 휴대전화기 게임을 만들면 되겠다고 생각을 합니다. 그중에서도 전에 비둘기에게 모이

를 줄 때 아저씨에게 들은 전서구에 대한 게임을 만듭니다. 전
서구는 집에서만 모이를 먹기 때문에 반드시 집에 돌아온다고
합니다. 이런 습성을 이용한 전서구 게임을 만듭니다. 휴대전화
기에서 GPS를 이용해 집에서 키우고 밖에서 날리면 돌아오는
형식이지요. 아이디어는 기막혔지만, 돈을 받고 팔기에는 모자
란 감이 있었지요. 그래서 아이템을 파는 형식으로 시작해서 주
식회사 전서구를 만듭니다. 그리고 이 상품은 히트해서 기업은
커지기 시작하지요. 우선은 게임회사를 기초로 해서 상장을 하
고 펀드회사를 설립한 후 M&A(인수합병)를 통해서 '다음도
어'라는 신흥 거대기업을 일구어냅니다. 하루에도 몇 억 엔을
버는 거대회사의 사장으로 주인공은 돈을 쓰기 시작하는데 예
를 들면 비싼 포도주를 섞어서 마시고 차하고 여자를 바꿔가면
서 놉니다. 그러면서 정·재계 사람들과 친하게 지내기 시작합
니다. 이른바 물주로서 그들과 어울리게 된 것이지요. 그런데
이런 성공의 이면에는 역시 아저씨의 도움이 있었지요. 이렇게
성공을 할 때 모든 코치와 물적 자금 지원까지 아끼지 않고 해
주었던 것이지요. 그리고 나자 그가 이번에는 프로야구단을 인
수하라고 명령을 내립니다.

주인공은 무조건 명령에 따랐지요. 프로야구단을 인수하기
위해서 자금을 동원하고 언론 몰이를 하고 거의 인수가 가능하
다고 생각될 무렵 생각지도 못한 명령이 내려옵니다. 중지하라

고 말이죠. 일단 명령에는 따랐지만, 자신은 이해하지 못했지요. 사실은 실제로 인수할 생각이 아니라 시세차익을 통해서 거액을 벌어들였던 것이지요.

대신 엄청난 계획을 말합니다. TV 방송국을 인수하라고 말이죠. TV 방송국은 5,000억 엔이 넘는 엄청난 규모였기 때문에 자금을 구하기가 힘들었는데 아저씨가 로즈 브라더스의 대출을 받아서 줍니다. 그러면서 M&A 전쟁이 벌어지는데 왜 아저씨는 그런 무모한 명령을 내렸을까요? 그리고 과연 주인공이 말한 악마와의 계약은 무엇을 의미하는 것일까요? 모든 것의 답은 직접 읽어보시기 바랍니다.

이 책을 처음에 읽고 손에 놓지를 못했습니다. 그 안에 들어가 있는 현실 때문이었지요. 그리고 사실 저도 이런 종류의 소설을 구상하고 있었습니다. 악마와의 계약, 성공 그리고 몰락. 그렇지만 그 안에 들어가 있는 현실을 어떻게 채울 것인지 능력이 부족하여 실천하지 못했습니다. 이 안에는 실제로 성공한 사람들의 삶이 들어 있습니다. 특히 프로그램을 개발해서 회사를 세우고, 회사를 키우고, M&A하는 부분에선 정말로 놀랐습니다. 이 시대에 또 하나의 파우스트가 아닌가 싶습니다. 꼭 한번 읽어보시기 바랍니다.

라디오는 실질적으로 가장 먼저 그리고 가장 오랫동안 소개를 하다 보니 그 원고의 양이 엄청나게 많았습니다. 그리고 그 안의 내용도 워낙에 다양해서 지금 보아도 기상천외한 내용도 많았습니다. 특히 대화체로 원고를 써야 하다 보니 상대방의 대사까지 같이 만들어야 한다는 점이 재미있습니다.

우선 첫 번째로 소개해드릴 책은 『3초 만에 행복해지는 명언 테라피』입니다.

책 제목 − 3초 만에 행복해지는 명언 테라피

이번에는 어떤 책인가요?

이번에는 『3초 만에 행복해지는 명언 테라피』라는 책을 소개해 드리겠습니다.

이 책은 말 그대로 3초 만에 행복해질 수 있는 이야기가 가득 담겨 있는 책입니다. 책을 읽다 보면 '아, 그렇구나!' 하고 무릎을 치면서 좋은 아이디어에 반기는 이야기도 있고요. 그리고 행복이란 가까이 있다는 것을 잘 알 수 있도록 도와주는 이야기도 들어가 있습니다. 또한, 책을 읽다 보면 나도 모르게 머리가 좋아질 수 있는 경영에 대한 이야기도 들어가 있지요.

그래요, 그러면 우선 좋은 아이디어가 들어가 있는 이야기에는 어떤 것들이 있나요?

우선 사과를 키우던 농가에서 태풍으로 90%의 사과가 떨어져서 상품으로 못쓰게 되고 나머지 10% 정도도 당도가 떨어져서 팔 수가 없게 된 사건이 있었습니다. 그런데 그 사과를 10배의 가격에 파는 방법을 누군가가 아이디어를 내게 되었지요. 이 사과의 이름을 '떨어지지 않는 사과'라고 이름을 붙이고 수험생들에게 판매했던 것입니다. 그러자 수험생들은 10배의 가격에도 불구하고 그 사과를 샀다고 합니다. 사과가 떨어지고 안 떨어지고는 사실의 문제입니다. 그러나 그것을 어떤 관점으로 보느냐에 따라서 해결할 수 있느냐 없느냐는 전적으로 자신에게 달려있다는 것이지요.

두 번째로 '3초 만에 행복해지는 방법'에 대해서 알려드리겠습니다. 심리학 박사에게 어떤 식당의 경영자로부터 이런 상담을 의뢰받은 적이 있다고 합니다. 저녁 식사 후에 곧바로 테이블을 정리하고 싶은데 손님들이 숯처럼 자리에서 일어나지 않아요. "이럴 땐 어떡하죠?"라고 묻자, 이렇게 대답을 했다고 합니다. 사람들은 아무리 맛이 있어도 불쾌한 식당에선 절대로 오래 앉아 있지 않습니다. 인상이 좋은 식당에서만 오랫동안 앉아 있지요. 이런 말을 듣자 식당 주인은 마음이 바뀌었지요. '아, 손님들이 우리 식당을 좋아하는구나!' 라고 생각을 하니까 행복해졌다고 합니다. 이처럼 현상은 바뀌지 않지만, 짜증나던 일이 행복한 일로 바뀔 수 있다고 합니다.

세 번째로 '우울해지는 방법'에 대해서 알려드리겠습니다. 어떤 심리학자가 우울증 환자들을 연구하다가 우울증에 걸려보아야 우울증 환자들의 심정을 알 수 있을 것 같아서 우울증에 걸리는 법을 알아보았습니다. 그것은 바로 한숨을 쉬는 것입니다. 3개월 동안 하루에 천 번씩 한숨을 쉰다면 누구라도 우울증에 걸린다는 사실을 알게 되었지요. 그래서 하루에 천 번씩 3개월을 한숨을 쉬어서 우울증에 걸렸다고 합니다. 그런데 이제는 벗어나야 하는데 벗어나는 방법을 몰라서 걱정했는데 누가 답을 쉽게 알 수 있도록 얘기해 주었지요. 그것은 바로 하루에 천 번을 3개월 이상 웃는 것입니다. 행복해서 웃는 것이 아니라 웃으니까 행복해지는 것이지요.

그렇다면 행복이란 가까이 있다는 것을 알려주는 이야기에는 어떤 것이 있나요?

첫 번째로 제가 기억나는 내용 중에 이런 것이었습니다. 정신과 의사가 환자가 퇴원할 때 기준을 세워야 하는데 정확하게 기준을 만들었습니다. 기준이란 이런 것이었지요.

1. 하고 싶지 않은 일을 미루는 능력
2. 거짓말하는 능력
3. 적당히 타협하는 능력, 고집부리는 능력 등등입니다.

반대로 너무 정신을 통일해서 하고 싶지 않은 일에도 집중을 하는 사람은 정신건강이 좋다고 볼 수 없다는 이야기입니다. 우리가 게으름을 피우고 싶다고 생각하는 것은 우리의 정신건강이 좋다는 뜻입니다. 너무 걱정하지 마세요.

두 번째로는 혹시 오래 사는 사람들의 공통점을 아세요?

많은 사람이 오래 사는 사람들의 공통점을 찾기 위해서 여러 가지 연구를 했지만, 번번이 실패를 했습니다. 담배를 피워서 폐암에 걸리는 확률보다도 술을 많이 마셔서 위암에 걸려 죽는 확률이 높은 것이 있었습니다. 그것은 바로 친구가 없는 사람이 일찍 죽는다는 것이었지요. 즉 친구가 많은 사람은 다른 사람들과의 인간관계를 통해서 스트레스를 풀기 때문에 오래 산다는 것입니다. 오늘 하루 외롭게 스트레스를 풀려 하지 마시고 곁에 있는 친구를 만나서 쓸데없는 이야기를 하면서 보내세요. 건강에 좋습니다.

머리가 좋아지는 경영에 대한 이야기는 어떤 것이 있나요?

첫 번째는 일본에서 경영의 신이라고 하는 마스시타 고노스케가 한 말입니다.

그는 사람을 뽑을 때 기준이 인물이나 능력을 보는 것이 아니라 그 사람에게 이런 질문을 한다고 합니다. "당신은 운이 좋다고 생각합니까?"라고 말이죠. 그리고 물어보았을 때 운이 좋다고 생각하는 사람을 뽑는다고 합니다. 그런데 그 이유가 무엇인지 아세요. 그것은 운이 좋다고 생각하는 사람은 누군가가 자신을 도와주어서 해결했다는 고마움을 알고 있는 사람이기 때문입니다. 자신만의 능력으로 모든 것을 해결했다고 생각하는 사람은 이기적이기 때문에 남들에게 고마움을 몰라서 채용하지 않았다고 합니다.

두 번째는 오사카에 광고 문구 하나로 그 동네에서 최고 매출을 낸 자전거 가게가 있었습니다. 그 문구는 바로 '펑크 수리 오 분 만에 가능' 합니다. 그래서 많은 사람이 몰려들었지요. 하지만 사실 펑크 수리는 초보자도 십 분 정도만 익히면 가능하므로 숙달자라면 빠르면 3분 안에 누구라도 가능하지요. 하지만 그 사실을 잘 모르는 사람들은 몰려들었고 그것으로 최고의 매장이 되었지요. 또 한 가지는 한 식당의 문구에 관한 것입니다. 그 식당은 높은 층에 있었지만, 야경이 그렇게 좋지는 않았지요. 하지만 식당 앞에 이렇게 써 놓았습니다. '야경 무료' 이렇게 써 놓으니 정말 많은 사람이 혹해서 들어갔습니다. 생각난 김에 또 한 가지 더 소개해드리면 어떤 큰 건물에 엘리베이터가 한 대밖에 없어서 사람들이 불만을 터뜨렸지요. 하지만 건물 주인은 큰돈 안들이고 그 문제를 해결했습니다. 엘리베이터 옆에 전신 거울을 놓은 것이지요. 사람들은 거울을 보느라 시간 가는 줄 몰랐습니다. 특히 여자들의 경우에는 엘리베이터를 놓칠 정도였지요. 이처럼 아이디어는 쉽게 어느 곳에나 있지만, 우리가 놓치기 때문에 못 쓰는 경우가 많습니다. 한번 주변에서 잘 찾아보세요.

안 실장님은 이 책을 어떻게 보셨나요?

그 소감도 책 안의 내용으로 대신해 보겠습니다. 인류문화학자가 연구했는데 옛날에 에스키모 족은 얼음집 안에서 옷을 벗고 잤다고 합니다. 그런데 문명이 빌려 들어오고 나서 사람이 동상이 걸린다는 사실을 알고부터는 동상이 걸리게 되었다고 합니다. 이처럼 모든 일은 사람의 마음에 달려 있다고 합니다. 저도 요즘 힘들어서 솔직히 일하기가 싫더라고요. 하지만 이 책

의 내용처럼 일을 즐기면 즐거워지는 것이고, 하기 싫은 것도
사실은 내가 건강하다는 증거이므로 나쁘지는 않네요. 여러분
들도 이 책을 읽고 긍정적인 삶에 대해 생각해보시면 좋을 것
같습니다.

문제 : 이 책은 몇 초 만에 행복해지는 명언 테라피 일까요?
1.1초 2. 2초 3. 3초 4. 4초

이처럼 대사체로 쓰여서 있는 그대로 읽으면 된다는 점이 좋
습니다. 그리고 마지막에 문제가 나가는 것은 이 문제를 먼저
전화를 걸어서 맞추면 상품권을 주는 행사를 했었기 때문이지
요. 실제로 굉장히 인기가 많았던 코너이기도 합니다.

두 번째로 소개해드릴 책은 『부부 배려』라는 책입니다.

책 제목 – 부부 배려(행복한 결혼 생활을 위한)

이번에는 어떤 책인가요?

이번에는 행복한 결혼 생활을 위한 『부부 배려』라는 책을 소
개해 드리겠습니다.

행복한 결혼 생활을 위한 부부 배려라, 어떤 책인지 간단하게 소개를 해주시면요?

많은 부부가 사랑하기 때문에 결혼하지만, 행복하게 사는 사람은 별로 없는 것 같습니다. 결혼이라는 것은 예상 외로 아주 작은 상처로도 침몰하는 배와 같으므로 조심해야 하며 또 끊임없이 밀려드는 문제를 해결해야 하는 힘든 삶의 일부라는 사실을 저자는 알려주고 있습니다. 이 책은 20년 이상 가정문제 상담을 하면서 부부가 살면서 힘들어하는 일들은 무엇이며, 그것을 어떻게 극복해야 하는지 설명해주는 책이 되겠습니다.

그럼 부부들은 주로 어떤 일로 힘들어하는지 말씀을 해주시면요?

부부 간에 관한 명언이 많은데요. "부부란 3개월은 좋고, 3년을 싸우고, 30년을 참고 산다." 라는 말이 있습니다. 책 속의 이야기를 빌려서 해석을 하지면 "부부가 싸우는 이유는 바로 '사랑이 식었기 때문' 이다." 라는 말로 시작을 합니다. 그런데 그냥 결혼하기 전의 남녀라면 이미 둘만의 문제이기 때문에 헤어지면 그만이지만 부부란 것은 위로는 부모들과 아래로는 자식들이 있기 때문에 가정을 책임져야만 하는 사람들로서 쉽게 헤어질 수도 없는 사람들이라 사사건건 싸우게 된다고 이야기를 합니다. 그런데 여기서 재미있는 것은 남자가 여자에게 힘들어하는 점과 여자가 남자에게 힘들어하는 점이 전혀 다르다는 데 있습니다. 서로 이해를 하지 못해서 생기는 상처가 더 크다는 점이지요.

그럼 주로 남자들이 힘들어하는 점은 어떤 것이 있나요?

책 속에선 카운슬링 받으러 오는 남자들에게서 가장 많이 듣는 말이 바로 아내가 말을 너무 막 한다는 것입니다. 예를 들면 남자가 일류대학을 나와서 직장에 있는 예쁜 아가씨와 결혼을 했는데 결혼을 하고 보니 생긴 것은 곱상한데 입만 열면 막말 마녀로 변신하는 여자였던 것입니다. 그래서 직장에서 늦게 들어오면 늦게 들어온다고, 회사가 힘들어서 보너스 지급이 중단되면 일류대학을 나와서 이것밖에 못 벌어오느냐고, 쉬는 날에는 잠을 자고 싶은데 아이들하고 놀지도 않고 집안일도 안 도와준다고 불평을 하는 것입니다. 그런데 여기서 끝나는 것이 아니라 웬 옆집 남자들하고 그렇게 비교를 하는지 생판 들어본 적도 없는 이웃집 남자는 돈도 잘 벌고, 아이들하고 잘 놀아주고, 기념일 이벤트도 그렇게 잘한다는데…. 그래서 화가 나서 그 남자하고 살지 그러냐고 그러면 또 그렇게 말을 한다고 핀잔을 주고, 애들 앞에서도 막말하고, 싸우려 들고 해서 아예 집에 들어가서는 입을 닫아버리고 산다고 합니다. 그러다 보니 아이들이 크고 나면 이혼을 할 생각이라고 하더라고요.

아내 분들은 어떤 일로 힘들어하시나요?

이 책에선 주로 전업주부의 일상에 관해서 이야기를 해주고 있는데요. 여성 분들 같은 경우에는 정반대의 경우가 많습니다. 결혼해서 처음에는 집안일도 잘 도와주고, 내가 말을 하면 귀를 기울이고, 몇 시간이고 들어주던 남편이 시간이 지나자 내 남편이 아니라 회사의 남편으로 바뀌는 것이지요. 집은 그냥 잠자러 오는 곳이고 내가 대화를 하자고 하면 아예 귀를 막아버리고 TV만 쳐다봅니다. 그렇다고 아이들하고 재미있게 놀아주는 것도 아니고 아이들의 교육은 무조건 엄마가 알아서 하라고만 하지요. 그렇다고 아이들을 원하는 교육을 할 만큼 돈을 벌어오는 것도 아니고 집안일에 애 뒤치다꺼리에 할 일은 많아서 힘들어 죽겠는데 문제기 생겨서 같이 이야기를 해보자고 하면 "나는 몰라. 알아서 해!" 이렇게 하니 화가 나서 살 수기 없지요. 그래도 말을 해야 직성이 풀릴 것 같아서 대답 없는 남편에게 이야기하다 보면 나도 모르게 잔소리만 하게 되고 말지요.

그런데 서로 힘든 점에 관해서 이야기를 해주셨는데 왜 이렇게 되는 건가요?

우선 남자와 여자의 차이에 대해서 알아야만 합니다. 위의 문제 중에서 가장 큰 부분이 바로 대화의 문제인데요. 남자의 경우 하루에 3,000단어 정도만 사용하면 그만입니다. 그 이상 하면 힘들어요. 반면에 여성의 경우 하루에 최소 6,000단어에서 10,000단어까지 사용해야만 밤에 잠을 편하게 잘 수가 있지요. 그런데 남편의 경우 직장에서 일하다 보면 화가 나기도 하고 힘들어도 직장 상사 눈치 보느라, 고객 비위 맞추느라 많은 말을 하다 보니 집안에 들어와서는 쉬고 싶지요. 하지만 아내의 경우에는 온종일 집안일만 하느라 전혀 말을 하지 못해서 남편하고 대화를 기대하지만 서로 밸런스가 맞지 않게 됩니다. 대화에서 두 번째 문제는 바로 남녀 간의 대화의 방식의 차이입니다. 여성의 경우 서론, 본론, 결론으로 이야기가 딱 끝나는 게 아니라 드라마처럼 연속으로 이어지는 서로 다른 주제가 계속 나오게 되어 있습니다. 그렇지만 남편의 경우는 도대체 이 여자가 원하는 답이 무엇일까, 불만이 무엇일까로 압축을 해서 생각을 하게 되어 있습니다. 그러다 보니 대화가 되는 것이 아니라 말싸움으로 끝나는 경우가 쌓이다 보면 서로에게 상처만 입히게 되는 것이지요.

그럼 어떻게 해야만 하는 건가요?

책 속에선 남편이 원하는 아내상과 아내가 원하는 남편상이 같이 들어 있습니다. 우선 남편이 원하는 아내상에 관해서 이야기를 해 드리면 많은 이야기가 있겠지만, 남자들은 인정을 받고 싶어 합니다. 우선 내가 이 집의 가장으로 먹여 살리고 있다는 점에 대해서 인정을 받고 싶어 합니다. 빈말이라도 좋습니다. 월급날 통장에 돈이 들어오면 이렇게 말 해보세요. "한 달 동안 수고했어 여보, 돈 보내줘서 고마워요." 라고 말이죠. 남편이 아내로부터 인정을 받고 있다는 생각을 하므로 아내에게 함부로 대하지 않을 것입니다. 그리고 남편이 자기 일이 아니라고 생각되는 일, 즉 집안일을 돕는다거나 아이를 보면 "미안하지만, 수고 좀 해줘!"라고 말하면서 부탁을 하는 것이 중요합니다. 이처럼 같은 상황이라 해도 부탁하는 말투로 해서 상대를 움직이게 해야지 막말을 해야지만 들어준다고 생각한다면 남편 역시 아내를 함부로 대하게 될 것입니다.

그럼 아내가 원하는 남편상은 어떤 것인가요?

아내들은 남편들에게 자신이 사랑받고 있다는 증거를 원합니다. 예를 들면 어떤 기념일을 챙긴다거나 자신이 남편을 위해서 맛있는 요리를 해주었을 때 "수고했어"라는 말보다는 "사랑해"라는 말을 듣고 싶어 합니다. 그리고 이 부분은 남자와 여자에 있어서도 가장 큰 차이가 있는데 잠자리에서 여성은 정신적으로 교감이 이루어지지 않으면 잠자리를 하고 싶지 않습니다. 특히 잠자리 이외에 일상적인 스킨십을 더 좋아하기 때문에 작은 애정 표현과 풍부한 스킨십이 아내를 안심시킬 수 있다고 이야기를 합니다.

반면에 남성의 경우에는 그런 것은 별로 신경을 쓰지 않지요. 그래서 많은 부부가 이러한 차이를 모르고 서로가 원하는 것만을 해주다가 지쳐서 크게 싸우게 된다고 합니다.

그럼 책 속에선 부부싸움의 기술에 대해서도 나오고 있나요?

부부싸움의 기술이라는 이야기는 나오지 않습니다. 단 부부싸움을 할 때 중재를 해줄 수 있는 누군가가 있는지가 중요하다고 말을 합니다. 사실 대부분의 부부싸움은 서로가 잘못한 문제가 아니라 이해부족으로 생긴 것이기 때문이지요. 따라서 둘의 힘만으로는 힘들 것 같다면 제삼자를 통해서 해결하는 것도 부부가 같이 살 수 있는 방식이기도 합니다.

문제 : 이 책은 제목은 무엇일까요?

1, 형제 배려 2, 부모 배려 3, 부부 배려 4, 자매 배려

책을 소개하면서 재미있는 이야기가 워낙에 많아 미처 하지 못한 부분도 많았습니다. 그런데 더 재미있는 사실은 살면서 이 책의 내용이 점점 더 공감이 간다는 사실이었지요. 그래서 독서는 인생을 살면서 할 때마다 다른 것 같습니다.

라디오에서 소개한 책 중 세 번째로 소개한 책은 『왜 세계의 절반은 굶주리는가?』 라는 사회 비판서입니다

책 제목 – 왜 세계의 절반을 굶주리는가?

이번에는 어떤 책인가요?

이번에는 『왜 세계의 절반은 굶주리는가?』 라는 책을 소개해 드리겠습니다.

어떤 책인지 간단하게 소개를 해주시면요?

세계구호단체에 있는 장 지글러라는 사람이 자신의 아이에게 자기 일을 알려주는 형식으로 되어 있습니다. 예를 들어 구

호를 어떤 방법으로 하고 있고, 왜 그들은 그렇게 굶주려야 하는지 등등. 아이의 눈으로 세상의 궁금증에 대한 질문을 이해할 수 있고, 이야기하는 형식으로 쉽게 되어 있습니다. 그래서 복잡한 이야기를 쉽게 읽을 수 있게 되어 있습니다.

그런데 정말로 세계의 절반은 굶주리나요?

책 속에 나와 있는 통계로 보면 전 세계 60억 인구 중에 배부르게 먹을 수 있는 사람은 인구의 30%가 되지 않는다고 합니다. 그나마 잘사는 나라의 가난한 사람들은 배고픔을 면할 수 있을 정도라고 했을 때 못사는 나라의 사람들은 거의 아사 직전의 상태라고 보시면 됩니다. 그중에서도 8억 5천만 명이 아사 직전의 삶을 국제구호기구 등의 원조로 살아가고 있다고 하니 씁쓸하기까지 합니다.

그런데 왜 세계의 절반이 굶주리나요?

우리가 일반적으로 생각하기에 식량이 부족해서라는 것이 아마 가장 흔한 대답일 것으로 생각합니다. 그러나 진실은 그렇지 않습니다. 현재 세계에서 생산되는 식량은 현재 전 세계 인구의 두 배 이상을 먹여 살릴 수 있을 정도로 많습니다. 그렇다면 남는 식량을 부족한 국가에 주기만 하면 되는 것 아니냐는 대답이 나올 수도 있지만 일이 그렇게 간단하지가 않습니다. 우선 가장 문제가 되는 것은 바로 선진국들이 가난한 나라들이 변화하는 것을 바라지 않기 때문이지요.

선진국들이 가난한 나라들의 변화를 바라지 않나요?

가난한 나라들을 보면 대부분 식민지였던 나라들이 많습니다. 가난한 나라들도 자신들을 위한 농작물을 키운다면 배고프지 않게 살 수 있습니다. 그러나 이런 나라들은 식민지 당시처럼 농작물을 키워서 다시 원래 종주국이었던 나라에 수출해 달러를 벌어들이고, 다시 물건을 수입합니다. 결국, 자신들의 위한 농작물을 키울 수가 없게 되지요. 그런데 문제는 그렇게 키워서 판 물건이 싼 값에 거래되어 다시 식량을 사는 데 필요한 돈을 마련할 수가 없게 된다는 데 있지요. 그래서 "못 살겠다 바꿔보자!" 하면서 혁명이 일어나 정권을 붕괴시키는 일이 자주 생깁니다. 그러면 구 종주국에서 반란군을 키워 돈과 무기를 대주고 다시 정권을 바꿔서 원래의 작물을 키우두록 만들고 있다는 점입니다. 여기에서 두 번째 문제가 발생하지요.

두 번째 문제는 무엇인가요?

그것은 바로 국민에게 주권이 없다는 사실입니다. 즉 투표
권, 선거권 등이 없다는 사실이지요. 국민에게 힘이 없다 보니
아무리 세계구호기구에서 많은 식량을 실어다가 주어도 총칼을
가진 권력자들이 자신들을 위해서 식량을 빼돌려 팔아먹고 남
는 얼마 안 되는 식량만을 사람들에게 나누어 주다 보니 결국
아무리 식량을 주어도 밑 빠진 독에 물을 붓는 격이 되고 있습
니다. 그리고 앞에서 이야기한 것처럼 그들이 아무리 변화하려
고 발버둥쳐도 이미 만들어진 권력집단이 자신들만을 위한 정
책을 추구하지 국민들을 위한 정책을 추구하려 하지 않기 때문
에 이러한 악순환이 반복되고 있습니다. 그러나 가장 큰 문제는
잘사는 나라 사람들에게 있습니다.

왜 그런가요?

선진국의 많은 사람이 이 사실을 모른다는 것이지요. 아는
지식인들조차 이것이 일종의 인구 조절 방식이라고 생각하고
있다는 것이 가장 큰 문제입니다. 그래서 자신의 나라의 가난한
사람을 돕자고 생각을 하지요. 절대빈곤의 사람들은 구제하려
고 생각하지 않는다는 게 가장 큰 문제입니다. 만약 우리가 돕

고자 한다면 단 한 사람이라도 구제할 수 있음을 알아야 할 것입니다.

문제 : 이 책의 제목은 무엇일까요?

이 책은 당시 학생들이 많이 찾는 책이어서 읽어보게 되었는데 읽다 보니 그전에는 생각지도 못했던 세상의 진실에 대해 자세하게 설명을 해주어서 소개하게 되었습니다.

다음은 신문에서 소개한 책들을 알아보도록 하겠습니다.

신문에 소개한 책들

신문에서 소개한 책들은 사실 라디오하고 TV에서 소개한 책들하고 비슷합니다. 그런데 차이점이 있다고 하면 글로 쓰는 것이라서 내용이 길고 조금 더 자세하게 소개를 한다는 점이지요. 그럼 첫 번째로 신문에서 소개한 책은 『아깝다. 학원비』입니다.

이번에는 어떤 책인가요?

이번에는 『아깝다. 학원비』라는 책을 소개해 드리겠습니다.

『아깝다. 학원비』, 어떤 책인지 간단하게 소개를 해주시면 요?

이 책은 사교육에 열광하고 있는 우리나라 학부모님들을 위해서 쓴 책으로 대한민국 사교육의 진실 10가지와 그것의 문제점 그리고 해결책을 제시해 주는 책이 되겠습니다.

대한민국 사교육의 진실과 문제점이라면 어떤 것이 나오나 요?

우선 10가지를 다 소개하는 것은 시간관계상 힘들 것 같고 요. 가장 문제가 되는 세 가지만 소개해 드리겠습니다. 선행학 습의 문제점, 수학교육의 문제점, 영어교육의 문제점을 소개해 드리겠습니다.

선행학습이라면 미리 공부하는 것 아닌가요? 이게 왜 문제가 되나요?

공부에서 가장 중요한 것은 선행학습이 아니라 복습입니다. 선행학습이라는 것은 말 그대로 미리 배울 것을 잠깐 소개만 해 주는 것인데, 요즘에는 초등학생이 고등학생문제집을 가지고 선행학습을 하려고 듭니다. 그러나 이렇게 무리한 선행학습이 도움되기보다는 되려 더 많은 문제를 발생시키기 때문에 안 된다는 것이지요. 우선 가장 문제가 되는 것이 선행학습 위주로 학원에서 하다 보면 앞에서 말한 현행학습의 복습을 전혀 할 수 없게 됩니다. 그리고 현재 하는 내용도 모르면서 무조건 앞서 가다 보면 수학 같은 경우 문제를 눈으로 푸는 것만 보게 되므로 자신의 손으로 풀 수 없게 됩니다. 더 큰 문제는 미리 배운 과목이라는 생각에 잘 풀지도 못하면서 학습 호기심이 떨어져 공부에 대한 재미가 반감 된다는 것입니다. 결국, 현재 진도도 못 따라가면서 미래의 것에만 매달리는 결과가 됩니다. 그런데 이런 것을 알면서 학원에선 선행학습 위주로 진도를 짜서 나가지요.

왜 그렇기요?

우선 선행학습을 하는 학생이 공부를 잘한다는 편견 때문입니다. 사실 학원의 교육은 선행학습이 아닌 후행학습, 즉 복습에 중점을 두고, 학교에서 배운 부분에서 모자란 부분을 보충하는 역할을 해야만 하지만 그런 식으로 학원을 운영하면 열등생들만 모인다는 인식 때문에 학원에 원생들이 모집되지 않기 때문이지요. 그런데 이렇게 하다 보면 상위 10% 학생들만 알아듣고 나머지는 그냥 눈뜨고 앉아만 있다 오는 결과가 됩니다.

그럼 어떻게 해야 하나요?

우선 3개월 이상 되는 선행학습은 아이에게 독이 된다는 사실을 알아야만 합니다. 그리고 망각곡선이라는 것 있지 않습니까? 배운 것을 잊어버리지 않는 것이 더 중요하다는 사실이지요. 따라서 배운 것을 반복하는 학습을 통하는 것을 우선으로 하고 선행학습은 소개만 받는 정도로 공부하는 것이 좋습니다. 그리고 반드시 명심해야 할 것은 선행학습은 본 학습이 아니라는 사실을 잊어서는 안 된다는 것입니다. 따라서 학원을 고를 때도 이런 방식으로 무리한 선행을 나가는 곳이 아니라 아이들 진도와 학습 위주로 하는 곳이 좋으며 될 수 있으면 자기주도학습으로 공부하는 방법을 찾는 것이 좋을 것입니다.

그럼 두 번째로 수학 학습의 문제점은 무엇인가요?

사실 수학 학습은 교과서 진도 자체가 문제가 있습니다. 영·미를 비롯한 많은 유럽의 국가들 수학 수준은 고등학교까지 중 3수준을 벗어나지 않습니다. 그도 그럴 것이 복잡한 수학 방정식이 사실상 이해하는 학생이 많지 않기 때문이지요. 그런데 우리나라에서는 학습 진도가 갑자기 빨라지는 두 가지 시기가 있는데요. 우선 초등학교 4학년과 고등학교 1학년입니다. 우선 4학년에선 방정식이 등장해서 외어야 하는 수학으로 바뀌고 고등학교 1학년에선 일단 중학교 3년 과정을 합친 내용이 한꺼번에 등장합니다. 그런데 학교에선 우선 고등학교 2학년까지 진도를 모두 마치기 때문에 대부분 학생은 고등학교 1학년 1학기 과정에서 수학을 포기하는 경우가 많습니다. 그러다 보니 학원에 다니지만, 학원들 역시 학교 진도에 맞춘다는 핑계로 중학교 때 고등학교 진도를 나가버리는 경우가 많지요.

그럼 수학의 경우 어떻게 해야 한다는 것인가요?

수학은 진도가 굉장히 중요한 과목입니다. 앞에 부분을 완전하게 이해하지 못하고 넘어가선 절대로 뒷부분을 풀 수 없는 구조로 되어 있습니다. 마치 피라미드를 쌓을 때 기초가 부실하면 쌓을 수 없는 것과 같습니다. 우선 자신의 아이 수준을 제대로 인정하는 선에서 아이를 가르쳐야 합니다. 고등학생이라 할지라도 중학교 수준밖에 안 된다면 중학교 수준을 제대로 마스터할 수 있도록 해야만 합니다. 그 이유는 수학을 대부분 포기하고 시험을 보기 때문에 정답률이 낮고 수학능력시험에 어려운 문제만 나오는 것이 아니라 쉬운 문제가 반드시 포함되어 있기 때문입니다. 고등학생의 경우 현 수준에 맞추어서 하는 것이 좋고, 초등학생의 경우 호기심을 유발해서 자신이 도전하고 싶은 과목으로 만들어서 고등학교 수준까지 나누어서 스스로 학습하는 방법을 알려주는 것이 좋습니다. 사실 훌륭한 선생님을 모시고 계속 물어보면서 하면 좋지만, 시간이나 돈이 허락지 않는다면 자신이 한번 풀어보고 인터넷 강의를 보는 것이 좋습니다.

영어 같은 경우가 가장 심각한 것 같은데 책에선 어떻게 말을 하나요?

우선 다른 과목을 다 합친 시장보다 더 큰 것이 바로 이 영어학습 시장입니다. 우선 초등학교 들어가기 전부터 영어 유치원이 있어서 우리말도 잘 못하는 아이들이 한 달에 100만 원씩을 들여가면서 영어 유치원에서 영어를 배웁니다. 그리고 그것도 모자라서 발음을 교정해야겠다고 외국을 보내지요. 애가 어려서 혼자 보낼 수 없으니 엄마도 딸려 보냅니다. 그러다 보니 기러기 가족이 되는데 외국에서 생활하다 보면 한국에 돌아와서

입시경쟁을 할 생각을 하니 엄두가 나지 않아 그곳에서 학교를 마치고 오겠다고 합니다. 하지만 교육과정을 다 마치고 돌아온다고 해도 우리말도 잘 못하는 사람을 받아주는 기업은 없습니다. 그리고 잠깐 갔다 오는 것도 거기에서 짧게는 한 달, 길게는 1년을 살면서 사실 한국 사람들이 운영하는 곳만 있다 보니, 들인 돈에 비해 효용이 그렇게 크지 않습니다. 그래서 한국에서 어떻게 해 보겠다고 아이를 영어 유치원에서 미국까지 보낸 사람을 보면, 아이가 언어 형성 과정에 혼란을 겪어 오히려 정신과에 가서 치료를 받는 경우까지 보게 됩니다. 그런데 이런 엄청난 시장에 대해서 책 속에선 간단하게 이야기를 합니다. 영어보다는 국어를 잘해야 한다고 말이죠.

영어보다 국어를 잘해야 한다고요? 무슨 말인가요?

영어 유치원이 잘되는 이유 중에 한 가지가 바로 언어 형성에는 결정적인 시기가 있다는 사실입니다. 맞습니다. 문제는 그 결정적인 시기에 종일 영어를 쓸 수 없다면 그것은 별 의미가 없다는 사실을 그들은 말하시 않고 있습니다. 어린아이가 말을 배우는 과정을 생각해 보세요. 아이는 부모와 놀면서 말을 따라 하는 학습을 통해 배웁니다. 그런데 영어유치원에 가면 선생님이 칠판에 글과 그림을 그리고 아이들에게 따라 하라고 하지요.

그리고 집에 가서는 한국말로 이야기합니다. 아무리 시간이 많아도 생활에 필요한 말이 아니라면 아이들은 영어가 늘지 않습니다. 오히려 언어 자체를 어려워하게 됩니다. 그래서 책 속에선 아이들에게 원어민적인 영어가 아니라 외국어로서의 영어를 가르치라고 합니다. 영어보다 국어가 더 절실하게 필요한 것이지요. 사실 영어는 이미 국제화되어서 원어민의 발음보다는 국제적인 발음을 더 선호하게 된 세상입니다. 따라서 일단 우리말로 어떤 사물에 대한 인식이 정확해야만 영어로 번역해서 생각할 수 있게 됩니다. 그리고 아이들이 자라면서 모든 과목은 우리말로 배우기 때문에 학교에서 혹은 사회에서도 정상적인 생활을 하기 위해선 영어천재보다는 국어천재가 모든 면에서 유리하다는 사실을 알아야 한다고 합니다.

정말로 도움이 된 시간이었는데 이것 이외에도 다른 것을 알려주실 것이 있다면요?

우선 이 책의 내용에 마지막에 나온 말이 제 마음을 가장 많이 흔들었습니다. 이제 직업의 판도가 바뀌고 있다고 말이죠. 이 말은 의사, 변호사, 한의사 같은 전문 직업군이 포화상태를 넘어서 빈익빈 부익부의 직업이 되고 있다는 사실입니다. 따라서 옛날처럼 좋은 학교 나와서 좋은 직장을 구하기는 힘들다는 사실입니다. 아이의 정확한 성정을 알고 그 능력에 따라서 경쟁력 있는 직업을 구할 수 있는 교육을 하는 것이 가장 중요하다고 말이죠. 책 속에 등대지기 학교라는 곳이 그런 이상을 가지고 있다고 하네요. 관심이 있으신 분을 『아깝다. 학원비』를 꼭 한번 읽어보시기 바랍니다.

일단 끝을 내기는 했지만, 기자와의 인터뷰 형식으로 글을 써서 지면의 양을 채우기 위해 엄청난 양의 글을 썼습니다. 책의 내용을 거의 다 리뷰를 했다고 해도 무리가 아닐 정도로 했습니다. 그런데 너무 많이 쓰다 보니 알아서 편집해서 반 토막이 나간 웃기지도 않은 상황이 되더군요. 원래 제가 한 면을 다 쓰는 줄 알았더니 다른 반쪽에는 베스트셀러가 나간다는 것을 몰라서 생긴 일이었습니다. 어쨌든 긴긴 글을 쓰느 날 고생은 고생대로 하고 반쪽이 날아가서 마음은 마음대로 아픈 사연이 있는 글이었습니다.

신문에서 소개한 책 중에서 두 번째로 소개해 드릴 책은 김난도 교수님의 유명한 저서 『아프니끼 청춘이다』입니다.

이번에는 서울대학교 김난도 교수의 『아프니까 청춘이다』는 책을 소개해 드리겠습니다.

나이가 들어서 돌아보면 청춘은 아름다운 시절이지만 사실 청춘은 굉장히 힘든 시절이지요. 특히 요즘 같이 88만 원 세대들에게 대학 등록금과 취직, 결혼은 정말 힘든 고난의 연속이지요. 그래서 김난도 교수는 이런 방황하는 청춘에 미래를 선택하는 충고를 해줍니다. 돈을 보고 직업을 선택하지 마라, 좋은 만남은 선택이 아니다, 청춘의 시련을 대하는 태도 그리고 신문을 읽고 글을 써라 등등의 이야기가 나오고 있습니다.

일단 왜 돈을 보고 직업을 선택하지 말라고 했을까요? 김난도 교수는 일단 자신의 경험에 비추어 설명합니다. 금전적인 성공이 행복을 가져다주기 힘들다는 것을 몸으로 배웠기 때문입니다. 일단 의사나 변호사처럼 전문직이 과거처럼 안정적인 직업이 아닐뿐더러, 매일 해야 하는 일이 즐겁지 않다면 생활이 지옥으로 바뀌기 때문이지요. 많은 젊은이가 안정적인 직장을 찾아서 고시를 시작합니다. 그런데 이 고시가 중독성이 있어서 처음에는 그냥 시작하지만, 한 번만 한 번만 더 하다가 그만 시간이 지나다 보면 이도 저도 안 되어 있는 경우가 많다는 것이지요. 그래서 일단 낮은 곳에서 시작할 수 있는 일을 찾아서 그 일에 전문가가 되는 것이 더 중요하다고 이야기해줍니다. 여기서 자신의 고시원 시절의 이야기가 나옵니다.

좋은 만남은 선택이 아니다. 이건 무슨 소리일까요. 좋은 만남은 선택이 아니라 끊임없는 노력이라고 이야기하고 있습니다. 책 속에서 결혼정보업체의 예를 들어서 설명을 해주는데요, 우선 여성의 경우 미모를 기준으로 5등급을 나누고 남성의 경우 학벌, 부모의 재산, 전망 등을 가지고 많은 등급으로 나누어서 등급별로 소개해준다고 합니다. 그런데 요즘 젊은 친구들도 역시 이렇게 비슷한 등급끼리만 만나서 연애해서 만난다고 합니다. 그런데 그렇게 잘 따져서 만난 사람들이 더 잘 헤어진다고 합니다. 그 이유는 좋은 만남은 선택이 아니라 만들어 가는 것이기 때문입니다. 선택은 아무리 잘해도 후회가 남기 때문에 또 다른 선택을 하려고 들기 때문이지요. 하지만 내가 혹은 상대가 좋은 상대가 되기 위해서 노력을 하는 것 자체가 바로 좋은 만남을 만들어 가는 것이기 때문입니다.

저도 그렇지만 요즘 대부분의 젊은 사람들은 신문을 읽지 않습니다. 대신에 인터넷으로 뉴스를 보게 되는데 여기에 문제점은 바로 보고 싶은 뉴스만 본다는 사실입니다. 그래서 다른 관점이나 관심이 없는 뉴스의 경우 전혀 모르고 넘어가는 게 대부분이 되지요. 결국, 남의 눈으로 전혀 다른 주관으로 쓴 자신은 기사를 읽으면서 좀 더 종합적인 정보에 눈이 뜨게 된다는 것입니다. 그리고 글을 쓰라는 말은 그렇게 접한 정보들을 그냥 읽기만 해서는 머릿속에 남지 않는다고 합니다. 남에게 자기 생각을 글쓰기 할 때 비로소 완성되기 때문에 글쓰기를 하라고 말합니다.

조금이라도 남들보다 빨리 가려고 노력했던 저로서는 많은 감명을 받았는데요. 책의 내용을 간단하게 줄여보면 이런 것 같습니다. 젊음은 아픔이라는 대가를 치러야만 성장할 수 있다. 그러니까 지금 아프다고 너무 조급해하지 말고, 지금 편하다고 자만하지 말고, 누구나 겪을 수 있고 자랄 수가 있다고 말이죠.

신문에서 소개한 책 중에서 마지막으로 소개해드리고 싶은 책은 『김미경의 드림온』입니다.

책 제목 – **김미경의 드림온**

이번에는 『김미경의 드림온』이라는 책을 소개해 드리겠습니다.

이 책은 김미경 씨가 자신이 강의하는 동안 깨달았던 것 중에서 꿈이란 무엇이며, 꿈을 만드는 방법과 이루는 방법이 무엇인지 들어 있는 책이 되겠습니다.

꿈이란 무엇일까요? 사람들은 쉽게 꿈을 말합니다. 좋은 대학을 가서 좋은 직장을 구하고 평생을 안정적으로 편하게 먹고 사는 것을 꿈이라고 이야기하는 경우가 많습니다. 게다가 어린 학생들조차도 이런 생각을 하고 있지요. 그런데 김미경 씨는 이런 꿈은 꿈이 아니라고 이야기합니다. 사실 어린 시절에는 구체적인 꿈이 있을 리가 없다고 말을 하지요. 서른은 넘어봐야 내가 잘하고 할 수 있는 꿈이 무엇인지 알 수가 있다고 이야기합니다. 꿈이란 단순히 내가 갖춘 능력뿐만이 아니라 내 성격, 취향, 만족에 이르기까지 모든 것들을 종합해야 하는데 그런 것들을 종합해보면 대충 서른 살쯤에 알게 된다는 것이지요. 그래서 제대로 된 꿈의 나이가 중요하다고 합니다. 꿈을 시작하는 나이 그것이 바로 꿈 나이 0살입니다.

그럼 꿈을 어떻게 만들어 나가야 할까요?

우선 꿈을 만들기 위해서 나에 대해 정확하게 알아야만 하는데 그중에서도 내가 가진 결핍을 찾는 것이 가장 중요하다고 이야기하고 있습니다. 미국에서 100대 부자 중에서 91명이 자수

성가한 사람들인데 대부분 아버지 때 집안이 쫄딱 망한 사람들이 대부분이라고 합니다. 게다가 우리나라 역시 좋은 대학을 나온 사람들보다도 집안이 어려웠던 사람들이 높은 CEO의 자리에 올라가 있는 경우가 많지요. 즉 결핍이 그 사람들을 몰입하게 하고 노력하게 해서 그 자리까지 올라가게 한 것입니다. 즉 나도 꿈을 찾기 위해서 일단 내가 필요로 하는 내 가슴이 뛰게 하는 결핍을 찾아야만 합니다.

꿈을 어떻게 이루어 나가야 할까요?

꿈이라는 것을 이루는 동안에는 모든 것이 안 힘들고 즐거울 것으로 생각하는 사람들이 많습니다. 실제로 많은 실용서가 그러한 이야기를 하고 있지요. 그러나 좋아하는 일을 한다고 해서 힘들지 않은 것은 절대로 아닙니다. 발레리나는 발 모양이 기형이 될 정도로 연습하고 강사는 잠을 자지 않고 대본을 연습하고, 목소리가 쉬어도 나가서 발표해야만 합니다. 즉 꿈을 이루는 길은 평탄하고 쉬운 길이 아니라는 사실이지요. 그것도 내가 가고자 하는 길이 100이라고 하면 70쯤은 와야지 이 길이 맞는가 보다, 내가 괴로운 것보다 즐거운 것이 많다는 것을 알게 된다고 합니다. 게다가 꿈은 완성이 아니라 진행형이 되어야만 합니다. 내가 금메달을 따는 것이 꿈이었는데 따고 나선 허무해지는 것처럼 금메달을 따고선 다음번 메달 혹은 코치로서 선수를 이루는 꿈을 다시 가지고 다시 국가대표 감독으로서 세계적인 선수들을 만드는 데 매진하는 것처럼 꿈은 진행형으로 죽을 때까지 나아가야만 합니다.

마지막으로 꿈과 성공을 동일선상에서 이야기해선 안 된다고 합니다. 꿈을 이루는 사람들이 모두 다 성공하지는 않습니다. 그러나 그 분야에서만큼은 자신의 꿈을 이룬 것으로 성취감을 느끼면서 사는 것이지요. 성공이란 그중에서 아주 일부의 사람들에게만 주어지는 운과 같은 것입니다. 즉 자신의 결핍을 알고 자신이 이루려고 하는 길을 향해서 뛰다 보면 어느 순간엔가 꿈이 이루어지고 그 꿈을 이룬 후에는 다른 꿈을 향해서 뛸 때 진정한 꿈을 이루는 사람이 될 수 있을 것입니다.

저는 이 책을 읽으면서 김미경 씨만의 독특한 꿈의 세계를 만날 수 있었습니다. 그리고 현재 난무하고 있는 수많은 실용서의 꿈의 세계에 대해서 다른 관점을 가지게 되었습니다. 사실 저도 어렸을 때는 꿈이 없었지만, 지금은 책을 소개하면서 전국적인 방송에서 책을 소개해 보고 싶은 꿈을 가지고 있기 때문이지요. 꿈을 이루고 싶으신 분들이라면 꼭 한번 읽어보시기 바랍니다.

이 책을 마지막으로 소개한 이유는 바로 여러분도 자신의 꿈을 이루는 사람이 되시기를 바라면서 갈무리를 해볼까 해서입니다. 많은 책을 읽으시고 많은 글을 쓰셔서 자신의 꿈을 이룰 수 있는 사람이 되시기를 바랍니다.

CHAPTER 8

책 쓰는 기초적인 방법

정리해놓지 않으면 다시 처음부터 노력해서 해야만 하므로 시간과 노력이 다시 몇 배가 든다.

책으로 할 수 있는 모든 것들

책 쓰는 기초적인 방법

-시간을 압축하라

　우선 책을 쓰는 데 필요한 것은 기가 막힌 아이디어와 뛰어난 글솜씨라고 생각을 하겠지만 그렇지 않습니다. 책이라는 것은 작은 글들 한 장이나 두 장이 아니므로 기가 막힌 아이디어 몇 개와 뛰어난 글솜씨로는 어림도 없습니다. 가장 중요한 기술은 '시간을 압축하는 기술'이라는 사실을 알게 되었습니다. 시간을 압축하는 기술이라는 것은 무엇일까요? 우리가 보게 되는 수많은 수선과 실용서 중에서 뛰어난 글이라고 생각되는 글들 가운데서 이느 한순간에 써 내려간 글이 있을까요? 아마도 최소한 몇 년 이상의 준비와 자료조사, 열정과 내공으로 정리한 것일 겁니다. 굳이 책의 예를 들지 않더라도 우리가 보는 한 시간 반에서 두 시간짜리 영화의 경우 보는 사람은 단순히 그 시간을 들여서 보는 것이지만 사실은 수백 시간 수천 시간의 편집 품인 것입니다. 우선 영화를 찍으려면 배우들이 있을 것이고, 그 배우들을 돕는 수십 명의 사람이 있습니다. 그리고 마지막으로 백여 명 넘는 스태프와 시간을 편집하는 감독이 있지요.

이런 방식으로 소중한 시간으로 모은 수많은 필름을 다 잘라내고 아주 잘된 부분만을 연결해서 사람들에게 보여주는 것이 바로 영화인 것입니다. 그리고 TV 프로그램을 보더라도 우리는 한 시간을 보지만 사실은 버라이어티의 경우 최소 4시간 이상, 어떤 프로그램은 하루를 나가서 자고 정글프로그램 같은 경우에는 수십 시간을 비행기를 타고 날아가서 찍어 와 목숨을 건 이야기들을 편집해서 방송하는 것입니다.

이처럼 우리가 책을 쓰려고 생각을 한다면 내가 생각하는 것들을 수십 수백 수천 장의 글을 쓴 다음 그 아까운 글들을 편집해서 사람들에게 보여줄 때 진정으로 좋은 글을 보여줄 수가 있는 있지요. 물론 이런 식으로 계속해서 보여주다 보면 어느 순간 필요한 글들을 압축하는 기술이 늘어나서 더욱 쉽게 쓸 수 있을 것입니다. 그렇다면 이런 방식으로 시간을 압축하기 위해서 어떻게 해야만 할까요?

첫 번째로 일단 무조건 많이 써야만 합니다. 그럼 무엇을 어느 정도로 써야만 가능할까요? 일단 일기 쓰듯이 매일같이 쓰는 것이 제일 좋습니다. 그것도 자신의 생활이나 일상에 관해서 써서는 별로 감흥이 없습니다. 그건 나중에 자신의 자서전 일부로 만들 생각으로 적는 것이 좋고, 자신이 본 책이나 영화 혹은 정책 등에 대해서 자기 생각을 적는 것이 좋습니다. 우선 내 생활은 남들이 관심이 없을 뿐만 아니라 이해하지도 못하기 때문이지요. 그렇지만 사람들이 같이 본 영화나 책 혹은 정책 같은 경우 공감이나 반대를 하게 됩니다. 이처럼 사람들과 같이 이해할 수 있는 주제에 대해서 글을 생각이 날 때마다 쓰게 된다면, 어느 순간 사람들에게 보여줄 수 있는 글들의 숫자가 늘어나게 됩니다. 일단 제 경우를 보더라도 여러 가지 책을 소개하지만, 유튜브에 달린 댓글이나 공감표시를 보면 대부분 베스트셀러에 달려 있습니다. 내가 아무리 좋은 의견과 생각이 있더라도 사람들이 찾아주지 않으면 아무런 소용이 없기 때문이지요. 따라서 많은 의견을 생각이 날 때마다 쓰되 가장 중요한 것은 남들이 공감할 수 있는 주제에 관해서 이야기하는 것이 좋다는 것입니다. 그래야지만 나중에 책을 낼 때 필요없는 내용을 배제하고 편집을 해서 사람들이 필요한 내용만 가지고 편집을 해서 책을 낼 수가 있는 것입니다.

두 번째로 글은 끊임없이 고쳐 써야만 합니다. 일단 써놓은 글이 아무리 좋더라도 나중에 재활용할 경우가 있거나 내용이 잘못되는 경우는 많습니다. 특히 내 생각이 바뀌어 글의 내용 전체를 바꾸어야 하는 경우도 많기 때문입니다. 『글 고치기 전략』이라는 책에서 이야기하듯 완성된 글이란 존재하지 않습니다. 단지 끊임없이 고쳐야만 하는 글들이 존재하기에 완성되기 전에 글을 사람들에게 내놓은 것에 불과한 것이지요. 책을 한번 쓰고 나면 얼마나 부끄러운 글들이 많은지 아시나요? 그리고 그 생각을 사람들이 공감할 것으로 생각하면 또 얼마나 궁금증이 밀려오는지 또한 평가를 들을 때는 멍해지는 경우도 많습니다. 어이가 없는 생각을 쓴 것 같아서 말이죠. 책을 쓴다는 것은 결코 글쓰기가 멈추었다는 이야기가 아니란 사실입니다. 우선 책을 쓸 때 숫자가 잘못 인쇄되거나, 오타가 나거나, 다른 의도로 글이 써질 수도 있으며, 그 책을 재판 찍을 때 얼마든지 고칠 수 있습니다. 게다가 다음번 책에선 자기 생각을 고쳐서 다시 낼 수도 있는 것입니다. 이처럼 글이란 한번 써놓고 그대로 유지하는 것이 아니라 끊임없이 고쳐 쓸 때 내가 필요한 글의 성숙도가 점점 올라가는 것이어서 생각나는 대로 쓰는 활동이 더더욱 필요한 것입니다.

일단 써놓은 글을 다듬는 것과 없는 글을 새로 쓰는 것 사이에선 엄청난 차이가 있기 때문인데요, 일단 써놓은 글을 다듬는 것은 산에 있는 탑에 올라가는 것과 평지에서 탑을 올라가 아래를 내려다보는 것만큼 차이가 큽니다. 결국, 글을 끊임없이 쓰고 다듬어야 내가 필요한 글들이 나올 수 있지요.

세 번째는 메모와 편집의 기술입니다. 메모의 기술은 일단 아이디어를 제공하는 간단한 기술입니다. 내가 순간적으로 떠오른 어떤 생각을 당장에 쓸 공간이나 재료, 시간이 없는 경우가 대부분이지요. 특히 석유나 경제에 관한 생각이 문득 떠올랐을 때 눈앞에는 컴퓨터나 필기도구가 없는 경우가 있습니다. 따라서 간단하게 마인드맵 형식으로 필요한 내용만 정리해서 메모하게 됩니다. 그리고 집에 돌아와서 필요한 시간에 맞추어서 내용을 쓰고 시간을 내어 글을 쓰려고 컴퓨터 앞에 선 순간 아무런 생각이 안 나는 경우가 많습니다. 그 이유는 새로운 아이디어는 항상 찰나에 지나가기 때문입니다. 따라서 메모를 해놓으면 그 내용에 따라서 첨삭하고 다듬다 보면 더욱 쉽게 내 생각을 쓸 수 있기 때문에 메모를 통해서 글을 쓰고 다듬는 방법이 아주 중요합니다.

제가 책을 소개한 글들을 정리하다 보니 소설, 실용서, 에세이 등으로 구분되고 실용서 중에서도 심리학과 경제 쪽으로 구분됩니다. 게다기 소설의 경우에는 연애소설, 남자소설, 여자소설 등으로 나누어집니다. 큰 틀 안에서 글들을 시간 순서로 묶어 놓게 되면 내가 필요한 책을 쓸 때 같은 종류의 글들을 쉽게 찾아서 쓸 수 있으므로 아주 크게 도움이 됩니다. 예를 들어 내가 쓴 『나를 깨워준 한 권의 책』 같은 경우 이런 식으로 정리한 다음 그 책 속에서 얻은 깨달음을 몇 장의 내용으로 정리한 다음 그 깨달음을 준 책들을 소개하다 보니 사람들이 읽고 나서 더욱 쉽게 이해할 수 있음을 알 수가 있었습니다. 즉 글을 쓰고 정리하는 단계에서부터 분류해 놓는다면 무엇을 쓰든 쉽게 쓸 수가 있습니다. 이런 식으로 글들을 정리해 놓고 있으면 나중에 다른 형태의 글을 쓸 때도 역시 도움을 얻을 수 있지요. 만약 대화에 관한 책을 쓰고 싶다고 생각되면 우선 '대화' 폴더란에 있는 책들을 출력한 다음 다시 내용을 정리해서 목차를 만들기만 하면 됩니다. 즉 내가 쓴 내용이 정리해놓지 않으면 다시 처음부터 노력해서 해야만 하므로 시간과 노력이 다시 몇 배가 든다는 것이지요.

그렇다면 내가 깨달은 이야기나 하고 싶은 이야기는 책 속에서 어떻게 쓰는 것이 좋을까요?

바로 예를 들어서 설명하겠습니다.
다음은 제가 실제로 책 속에서 소개했던 내용입니다.
예제는 다음과 같습니다.

돈에 관해서 우리가 착각하고 있는 것들이 많습니다. 특히 돈이라는 게 있다가도 없고 없다가도 있는 것으로 생각하는 것은 굉장히 위험한 생각입니다. 돈은 공기와도 같은 것입니다. 공기처럼 항상 필요한 것이지만 없으면 살 수 없는 그런 것입니다. 그럼에도 불구하고 우리가 공기를 마구 사용해서 공해를 일으키는 것처럼 우리는 돈을 마구 써서 자신을 파멸에 이르게까지 합니다. 그런데 돈에 대해서 몇 가지 원칙을 찾았는데 지금부터 한가지씩 알려 주겠습니다.

우선 첫 번째로 돈은 '만유인력의 법칙'을 따른다는 것입니다. 만유인력의 법칙이란 뉴턴이 사과가 떨어진 것을 보고 발견한 것으로 유명합니다. 모든 물체는 서로 끌어당기는 힘이 있는데 그래서 지구가 사과를 잡아당겨서 떨어진 것입니다. 이처럼 돈에도 만유인력이 존재합니다. 세상에 돈이 많은 사람과 적은 사람이 있으면 돈이 많은 사람에게로 끌려간다는 것입니다. 예를 들어 설명해 봅시다. 우선 돈이 없는 사람의 경우, 돈이 없는 사람은 일단 집이 없어 월세를 살거나 전세를 살아야 하는데 월세를 사는 경우 매달 돈을 지급해야만 하며, 전세를 사는 경우에도 일정한 돈이 묶여 있습니다. 그래서 선진국에선 전세라는 개념이 없습니다. 전부 월세이고 차가 없으면 나갈 때마다 택시비에 버스비가 지출됩니다. 그것도 움직일 때마다 들어가기 때문에 만만치 않습니다. 그리고 장사를 한다면 자신의 건물이 없어서 빌려서 해야 하므로 또 돈이 들어가야만 합니다. 이런 돈들은 누구한테로 들어갈까? 바로 돈 많은 사람에게로 들어가게 되어 있습니다. 돈 많은 사람의 경우에는 집이 있고 차가 있고 세를 받는 건물이 있다고 생각을 해봅시다. 돈 많은 사람은 집이 있어서 월세가 안 가나고, 차가 있어서 택시비나 버스비가 안 나가고, 건물이 있어서 일하지 않아도 돈이 일정하게 들어오게 되어 있습니다. 즉 돈이 있는 사람은 가만히 있어도 돈을 벌지만, 돈이 없는 사람은 아무리 열심히 일해도 돈을 빼앗기게 되는 것입니다. 그런데 민주주의 국가에서는 이것을 막기 위해서 국가의 권력으로 부의 분배를 해 줄 수 있도록 헌법에 보장되어 있습니다. 또한, 민주주의 국가에선 국민이 투표를 통해 뽑은 대표들이 이 권리를 행사하게 되어 있습니다. 그렇지만 시간이 갈수록 재벌과 이익집단의 힘이 강해져 이러한 권리가 약해지고 갈수록 양극화가 심해지고 있습니다. 여기서 명심해야 할 것은 민주주의가 이처럼 권리를 행사하도록 한 이유는 양극화가 심해지면 혁명이 일어나기 때문에 돈을 버는 규정을 바꿀 수 있도록 한다는 것이지요.

두 번째로 물과 같다는 사실입니다. 돈은 일단 없으면 안 되는 물처럼 없으면 전혀 생활할 수가 없습니다. 그런데 반대로 필요한 돈이 너무 많아도 재앙이 되기 때문입니다.

우리가 돈을 벌고 쓰면서 항상 하는 말이 있습니다. 복권이 당첨되면 '이런 힘든 일은 그만둬야지.' 라고 말이죠. 사실 가만히 생각해 보면 우리가 일해서 돈을 벌지만 그런 과정 자체가 우리 인생을 지탱해주고 있는 것이지요. 내가 일을 해서 다른 사람들이 그 혜택을 보고 나는 그 대가를 받는 것이 아닐까요. 그런데 내가 만약 돈이 필요 없어서 일을 안 한다고 생각해 봅시다. 그러면 무슨 일이 벌어질까요? 뜻밖에도 내 인생이 파괴되어버리고 만다는 것이지요. 즉 사람들은 나를 인간으로 보는 것이 아니라 돈으로만 볼 것이고 어떻게든 돈을 빼앗으려고 수단과 방법을 가리지 않게 되는 것입니다. 예를 많이 들지 않더라도 엄청난 금액의 복권에 당첨된 사람 자신이 파산하거나 억지로 다시 고생해서 돌아오는 이야기나 유산 다툼으로 가족이 흩어지는 현상을 보면 알 수가 있습니다. 이처럼 돈은 필요한 만큼 내가 감당할 만큼이 아니라면 재앙이 될 수도 있기에 물과 도 같습니다. 또한, 돈은 항상 머물러 있지 않고 물처럼 흘러가게 되어 있습니다. 돈을 마치 저수지에 가두어 두면 언젠가 차고 넘쳐서 밖으로 나가게 되어 있는 것이지요. 순리대로 움직일 수 있도록 해야만 합니다. 그래서 어느 한 사람이 돈을 너무 많

이 가지게 되면 사회적인 시스템이 돈을 분배하도록 만들고 있
는 것이지요. 그렇지만 그 부분에 대해선 너무 많은 갈등을 가
져오게 됩니다.

세 번째로 "돈은 시간이다. 시간은 돈이다."라는 말이 들어
보았지만 아마도 "시간이 돈이다."라는 말은 별로 못 들어보았
을 것입니다. 사실 돈을 많이 벌게 되면 시간을 줄이게 됩니다.
어떤 시간을 줄이게 될까요? 일단 내 인생에 필요한 일을 하는
시간을 줄이게 됩니다. 작은 시간이 모여서 내 인생의 시간을
늘려주지만, 사실상 우리는 돈을 벌기 위해서 사는 것이 아니라
시간을 벌기 위해서 돈을 번다는 사실입니다. 이 부분에 대해서
나는 역시 동감을 하지 못했습니다. 특히 『모모』라는 소설에서
보면 회색 인간들이 나타나서 자신에게 시간을 저축하면 더 많
은 시간으로 돌려주겠다고 이야기하는 부분에선 아마도 그 소
설의 작가가 주식투자를 했다가 실패를 했으리라는 예상을 했
습니다. 그런데 글을 읽고 더 생각하다 보니 그 이야기가 맞아
떨어졌습니다. 우리는 시간을 사기 위해서 돈을 벌고 있던 것이
었습니다.

소설 『시간을 파는 남자』에서 사람들은 자신들만의 여유 시
간을 사기 위해 모든 것을 바칩니다. 사실상 자신이 원하는 것

을 할 수 있는 것은 오로지 돈의 여유가 있는 사람만이 가능하기 때문이지요. 예를 들어 맞벌이 하는 여성의 경우 집안일, 육아, 회사까지 다닌다면 몸이 세 개가 되지 않고선 불가능합니다. 그러나 집안일은 가정부에게 육아는 유아원에 맡긴다면 회사에 다닐 수 있는 시간을 벌 수 있지 않을까요? 돈이 충분하다면 얼마든지 가능합니다. 그러나 그 정도의 돈을 벌 수 있는 사람은 많지 않습니다. 대부분 벌어서 먹고살기 빠듯하기 때문이지요. 따라서 과거에 사회간접 자본에 투자했듯이 사회시간 자본에 투자해야 많은 사람이 아이를 낳고 키울 수 있는 것입니다.

"그 외에 돈에 관해서 생각하고 있는 것은 많으나 일단은 만유인력의 법칙에 따른다, 물과 같다, 시간과 같다. 이 세 가지로 내 생각을 정리해 보려고 합니다. 많은 실용서도 이러한 원칙이 나오고 있다. 여러분도 돈에 관한 자신만의 정의를 만들어 보기 바랍니다. 단 돈을 단지 행복을 누리기 위한 것으로 정의한 사람은 영원히 돈을 멀리서만 볼 수밖에 없다는 사실을 인식하기 바란다."라고 말이죠. 사실 이 글 말고도 자본주의에 관해서, 시간에 관해서, 독서에 관해서 등등 수많은 생각을 적었습니다.

이처럼 책을 읽고 소개하고 자신의 감상을 정리한 내용 이외에 자신이 여러 책 속에서, 혹은 생활 속에서, 문득 깨달은 이야기를 적는 것입니다. 이때 중요한 것은 메모지요. 깨달음은 마치 머리만 있고 꼬리는 없는 동물과도 같아서 한번 놓치면 영원히 날아가기 때문입니다. 그래서 일단 책을 읽다가 갑자기 생각이 난 명제는 바로 적어 쓰는 것이 좋습니다. 거기에다 만약 적을 기회가 없다면 어떤 곳이라도 좋으니 적어서 기록해놓아야만 합니다. 앞에서 말한 이 돈에 관해 깨달은 것들 역시 책에 적기까지 셀 수 없이 고쳐 나름대로 압축한 것이었습니다. 처음에는 이런저런 생각을 나열하는 정도에 그쳤지만, 나중에 필요한 내용 3가지로만 압축해서 이야기를 한 다음 다음에 영향을 미친 책들을 소개하는 형식으로 하니 훨씬 더 부드럽게 연결이 되더군요. 이처럼 자기 생각을 담아서 책을 쓴다는 것은 어려운 일이므로 순간의 아이디어를 연결하고, 크게 쓰고, 그 생각을 다듬고 다듬어서 적을 때 비로소 독자가 읽을 수 있는 내 생각의 책의 될 수 있습니다.

책 쓰기의 기술은 일단 시간을 압축하는 방식입니다. 이런 식으로 시간을 압축하기 위해선 우선 첫 번째로 글을 닥치는 대로 많이 쓰되 주제를 가지고 생각을 많이 해서 많이 써야만 합니다. 두 번째로 그렇게 써 놓은 글들을 계속해서 다듬어야만 하지요. 마지막으로는 그런 글들을 메모를 통해서 아이디어를

내놓고 다듬어야만 하며 반드시 분류별로 폴더를 지정해서 나
중에 쉽게 편집할 수 있어야만 합니다. 그렇게 하면 책을 더욱
쉽게 낼 수 있으면 그 안에서 내 생각을 정리해 새로운 형태의
글을 부드럽게 넣을 수가 있게 됩니다.

CHAPTER 9

추가적인 책 쓰기 기술

글은 독서가 뒷받침을 하는 형태가 될 때 가능하다는 것을 체험을 통해 알 수 있다.

추가적인 책 쓰기 기술

-쉽게, 말 하듯이, 그리듯 쓰라

단순하게 지나가는 생각에 그치는 것이 아니라 나름대로 엄청난 양의 정보와 체계를 갖추고 정리해서 사람들에게 알리는 것입니다. 이 경우 사실 독서만 하고서는 힘듭니다. 내가 어떤 책을 읽고 정리를 했다고 해서 그 정보가 정확하게 남들에게 전달되기가 힘들기 때문이지요. 어떤 일에 있어서 그 일을 오랫동안 해왔고 그 일 자체에 대한 독서가 뒷받침을 하는 형태가 될 때 가능하다는 것을 저는 체험을 통해서 알고 있습니다.

책 중에 『마흔 당신의 책을 써라.』라는 책에서 보면 당신이 한 가지 분야에서 10년 이상의 시간을 투자한 것에 대해서 책을 쓰라고 했습니다. 그래서 당신이 다른 사람보다 월등히 많은 시간을 투자한 것 중에서 자신의 창의적인 책을 쓰는 것이 좋습니다. 예를 들면 자동차 정비를 10년 이상 한 사람의 경우에는 자동차정비에 관한 일반론에서부터 침수된 차의 정비, 자동차 사고 때 비상 정비 요령 및 평소 꼭 해야 할 일에 이르기까지 많은 부분을 쓸 수가 있을 것입니다. 그렇다고 그냥 쓰게 되면 자기 생각이나 아이디어 정보밖에 쓸 수 없으므로 관련된 책이나 자동차 정비에 관해서 쓴 책들을 여러 권을 읽고 정리해서 같이 참고 해서 쓰는 것이 좋습니다. 그런 방식으로 쓰다 보면 자신만의 정비 기술 자체를 발전시킬 수 있고 전문가로서 자신의 명예를 높일 수 있게 됩니다.

그런데 이렇게 자신만의 일을 가지고 책을 쓸 수 있는 사람이 별로 없다는 게 문제지요. 대부분의 경우 남의 일을 해주고 돈을 받은 경우가 더 많기 때문입니다. 따라서 자신의 오랜 취미를 가지고 쓰는 것도 한 가지 방법입니다. 만약 회사에 다니나 회사 일에는 별로 관심이 없고 골프나 볼링 쪽에 관심이 많다면, 그 취미에 관한 책들을 읽고 정리한 다음 자신의 경험을 덧붙여서 쓰는 것입니다. 그리고 자신이 독서가 취미라고 생각하시는 분들 역시 자신만의 생각을 가지고 책을 쓸 수가 있는데 자신이 생각하는 독서란 무엇이고, 나는 어떤 책을 읽어왔고, 어떤 식으로 책을 해석해야 하는지에 대해서 설명을 할 수 있으면 자신만의 책을 완성할 수가 있는 것입니다.

제가 이렇게 자신의 경험이 바탕이 되는 책을 쓰라고 강조하는 이유는 제가 처음 책 쓸 때, 책 속에서 본 내용이 너무나도 많아 그냥 쓰면 다 책이 되는 줄 알고 쓰기 시작했습니다. 점, 선, 면, 입체의 순으로 말이죠. 즉 점은 제목 방향이 되는 것이고, 선은 목차 안의 간단한 내용, 그리고 면은 그 안의 내용 그리고 입체는 그 안에 사례를 덧붙이는 형태로 쓰면 간단하다고 생각하고 시작했습니다. 그랬더니 글을 써놓고서는 문장력이 안 돼서 다시 지우고 또 쓰고 나면, 다시 지우는 일을 계속 반복하게 되더군요. 즉 마치 억지로 부풀려 놓은 풍선 같은 책이 되어버리고 말았습니다. 쓰는 시간보다 수정하는 데 시간이 더 많이 걸리더군요. 그래서 책을 세 권 써보고 그 경험을 바탕으로 책을 쓰라고 얘기한 것입니다. 결국, 시간을 들여서 깨달은 정보만이 다시 보아도 부끄럽지 않은 책을 만들 수 있습니다.

그리고 책을 여러 권 쓰면서 깨달은 책 쓰기 기술에 대해서 말씀을 드리면 우선 세 가지입니다. 첫 번째 쉽게 써야만 합니다. 두 번째 말하듯이 써야만 하며, 세 번째 그리듯이 써야 합니다. 책을 쉽게 쓴다는 것은 정말로 어려운 이야기입니다. 내가 진정으로 이해하지 못하면 쉽게 쓸 수가 없습니다. 만약 내가 독서의 기술에 관해서 책을 써야 하는데 책을 많이 읽어 본 경험이 없다면 어떻게 책에 관해서 쉽게 읽는 법과 글 쓰는 법을 설명할 수가 있었을까요? 일단 설명한다고 해도 그것은 내 머릿속에만 있는 글이기 때문에 읽는 사람의 머릿속에서 그려지지가 않습니다. 공감의 기술이란 내가 손에 구체적으로 잡힐 만큼 쓰지 않으면 다른 사람의 머릿속에도 그려지지 않기 때문입니다.

그리고 두 번째 "말하듯이 쓰라."라는 부분 역시 글을 쓸 때에는 문어체와 구어체가 있다는 사실을 알아야만 합니다. 구어체는 말하듯이 쓰는 글이고 문어체는 글로서 완벽한 문장을 만드는 글이라고 생각하시면 됩니다. 물론 논리적이고 정확한 문체의 경우는 문어체가 좋겠지만, 일반적인 사람이 읽었을 때 바로바로 읽고 이해가 가는 문장의 경우에는 구어체가 좋기 때문입니다. 그래서 내가 평소에 쓰는 말과 사람들이 많이 쓰는 문장을 글 속에 넣으면 더욱 좋습니다. 게다가 구어체로 쓴 책의 경우에는 그대로 읽으면 강의가 되기 때문에 강의록과 같이 제작하면 일거양득의 효과를 얻을 수도 있습니다.

세 번째로 "그리듯이 쓰라."라는 부분은 말 그대로 내 눈에 보이듯이 쓰라는 뜻입니다. 그래서 자신의 의견을 구어체로 쓰는 것도 좋지만, 소설처럼 한 가지 이야기를 만들어서 이야기하는 것도 좋다는 것이지요. 만약 "현대 디스플레이 기술은 모두 인간이 욕망을 투영한 것이다."라는 글을 쓸 때 논리적인 이야기로 쓰는 것보다는 "백설공주에서 만약 마술 거울이 없었다면 아마도 그 모든 사건은 일어나지 않았을 것입니다. 마술 거울이 백설공주가 더 예쁜 줄도 모르고 혹은 어디에서 사는지 알려주지 않았다면 이야기 자체가 존재할 수가 없었겠지요. 그런데 만약 마술 거울이 현재에 구현된다면 이렇지 않을까요? 우선 화면을 켜면 페이스락으로 얼굴 인식을 해서 주인을 알아보고 열립니다. 그리고 음성인식으로 세상에서 가장 예쁜 여자를 검색합니다. 그러고 나서 검색 결과를 알려주고 그 여자의 위치를 물어보면 GPS를 동원해서 위치정보를 알려준 다음, 어느 번지에 사는 것까지 알려 줄 것입니다."라고 말이죠. 즉 자신이 알고 있는 동화로 현대 기술을 구현하는 이야기를 해주는 것입니다. 이처럼 자기 생각이나 의견을 딱딱한 논리보다는 묘사와 구현을 통해서 사람들에게 전달하는 것이지요.

만약 이것을 응용해 오늘과 같은 독서에서 작가까지에 관한 책을 쓴다고 생각하면 우선 한 작가 지망생이 자신의 책을 쓰고 싶어서 유명작가를 찾아가는 것입니다. 그리고 그 작가로부터 한 가지씩 가르침을 받고, 숙제를 해오고, 다시 깨달음을 얻어서 책을 읽고 감상문을 쓰고 발표해서 다시 책을 쓰는 데 도전하는 과정을 그리면 되는 것이지요. 이처럼 스토리텔링 형식으로 사람들의 마음속에 나도 할 수 있을 것만 같은 이야기를 적어주면 되는 것입니다.

독서 노트 작성법

자신의 의견과 책 속의 내용을 정확하게 나누어서 써야만 한다는 사실입니다.

독서 노트 작성법

누구에게 들려준다는
생각으로 작성하라

이번에는 독서 노트 작성법에 대해서 알아보도록 합시다. 우선 내가 하는 독서 노트의 경우 발표 위주로 되어 있기 때문에 극단적으로 단순화하는 것을 특징으로 하고 있습니다. 어떤 사람이든 책을 읽게 되면 그 책의 내용을 그대로 받아들이는 것이 아니라 그 속에 있는 내용 중에서 내가 필요한 내용만을 발췌해서 기억하고 처리하기 때문입니다. 그렇다고 해서 없는 내용을 마구 만들어 붙여서는 안 됩니다. 즉 내용을 정리하고 해석을 하되 자신의 의견과 책 속의 내용을 정확히게 나누어서 써야만 한다는 사실입니다. 나는 이전의 책에서 독서 노트 작성법을 3단계로 나누어서 설명했었습니다.

첫 번째로 책을 고르는 단계입니다. 책을 고르는 것은 일단 자유입니다. 책을 이것저것 많이 읽어보다가 고르는 것이 좋고 책 중에서 가장 좋은 책은 내가 읽기 편한 책이지만, 그런 책들만 너무 읽다 보면 마치 편식을 하듯이 뇌가 치중된 정보를 받아들이게 되어 잘못된 생각을 할 수도 있기 때문에 될 수 있으면 넓게 읽는 것이 좋습니다. 특히 다른 사람들이 읽는 베스트셀러를 읽어보면 좋습니다. 그리고 책을 많이 읽는 사람에게서 추천받는 것도 한 가지 방법이라고 할 수가 있습니다. 그러나 이 경우는 앞의 방법들에 비해서 효과가 떨어지게 되므로 될 수 있으면 도서관이나 서점에서 직접 책을 읽어보고 사서 보는 것이 좋습니다. 특히 책을 너무 안 읽어서 힘들다고 생각하는 분들은 읽기 쉬운 만화를 많이 읽는 것도 한 가지 방법입니다. 만화 역시 어려운 이야기를 쉽게 풀 수 있는 아주 좋은 매체이기 때문이지요.

두 번째로 책을 읽는 것입니다. 책을 안 읽던 사람의 경우에는 굉장히 힘든 작업입니다. 글을 읽는 것은 단순하게 글자를 읽는 것이 아니라 다른 사람이 어떤 현상 생각 등을 적는 것이기 때문에 그 내용을 해독해야만 합니다. 그래서 책을 안 읽던 사람의 경우에는 검은 것은 글자요, 흰 것은 종이라는 생각만 하기 때문입니다. 일단 다독을 권하지만, 앞에서 말한 것처럼 책을 읽을 때 필요한 부분만 읽는 발췌독서법을 많이 권합니다. 그 이유는 소설을 제외한 대부분의 책들 경우에 앞에서 볼 필요가 없는 자신이 관심이 있는 부분만 골라서 읽다 보면 어느 순간 필요한 정보를 위해서 다른 부분까지 읽을 수 있기 때문이지요. 또한, 여러 권을 책을 동시에 섞어서 읽어도 사람의 머릿속에선 저절로 정리되기 때문에 읽을 수가 있습니다. 여기서 중요한 것은 꾸준히 오랫동안 읽어야 한다는 것입니다. 독서는 운동처럼 습관을 들이지 않고서는 힘들기 때문입니다.

세 번째는 "독서 노트를 반드시 정리하라"입니다. 우리가 어려서부터 반드시 해야 하는 것으로는 독서를 들지만, 독서를 한 후에 내용을 정리하고 소감을 쓰라고 말은 하지 않습니다. 아마도 독서 자체의 중요성을 강조해서 그렇게 했겠지만, 독서 노트를 쓰지 않으면 무슨 책을 읽었어도 다 소용없는 짓입니다. 만약 하루에 한 권씩 책을 읽는다고 해도 그 내용이 머릿속에 남아 있지 않는다면 무슨 소용이 있겠습니까? 또 내용을 읽은 것 같아서 찾아보고 싶으나 그동안 워낙에 방대해서 어떤 책에서 봤는지 모른다면 어떻게 참고해서 내가 활용할 수 있겠습니까? 결국, 책을 읽으면 반드시 독서 노트를 정리해야만 한다는 것이지요. 혹 학생 중에 이런 질문을 하는 경우가 있다. 학교에서 읽으라고 해서 『코스모스』나 『카오스』 혹은 어려운 사회과학 서적을 읽기는 했는데 전혀 이해를 못 했는데도 독서 노트를 작성해야 하느냐고 묻는 경우가 있습니다. 이 경우에도 역시 써야만 합니다. 기록해야 내가 정확하게 무엇을 이해하고 있는지 알 수가 있으며 모르는 것이 무엇인지도 알 수가 있습니다. 게다가 같은 책이라도 다른 곳에서, 다른 시간대에, 다른 나이대에 읽으면 전혀 다른 내용으로 이해될 수가 있습니다. 내가 최초로 자발적으로 쓴 독서 노트는 『데미안』이었습니다. 그래서 그 세부 내용까지 머릿속에 기억이 남아 있습니다. 고등학교 때 쓴 그 내용을 나이가 들어서 다시 읽어보니 그렇게 유치할 수 없어서 손발이 오그라들었지만, 당시의 가치관이 현재의 나를 만들었음을 알 수가 있었습니다. 한 권을 읽었다면 단 한 줄의 독서 노트라도 반드시 작성하기 바랍니다.

그럼 이런 독서 노트를 작성하는 데 가장 중요한 것은 무엇일까요? 가장 먼저 필요한 것이 바로 누구에게 들려준다는 생각으로 작성해야 한다는 것입니다. 그냥 내가 내 생각을 되는 대로 작성하다 보면 배가 산으로 갈 확률이 높습니다. 무슨 소리인가 하면 만약 내 머릿속에 연금술에 관한 내용이 잔뜩 들어가 있는데 『연금술사』란 책을 읽으면 연금술에 관한 내용만 기억되어 결국 독서 노트에는 연금술에 관한 내용만 남게 됩니다. 또 『마시멜로 이야기』 같은 경우 원 내용은 백만장자가 자신의 운전기사를 가르치는 내용인데 그중에 마시멜로 실험이 나올 뿐입니다. 그런데 사람들은 원 내용보다 마시멜로 이야기만 기억에 남게 된다는 것이지요. 물론 학생이나 혼자 독서 노트를 쓰고 싶으신 분들이라면 그렇게 해서라도 쓰는 것을 말리고 싶지는 않습니다. 언제나 없는 것보다는 조금이라도 있는 것이 나으니까요. 그러나 조금 더 제대로 쓴다면 누군가에게 들려준다는 생각으로 적어 보는 것이 좋다는 것입니다.

다시 한 번 같은 예를 들면 마시멜로 이야기 같은 경우 내가 마시멜로 실험만 생각이 나서 그 이야기만 해 준다면 책의 내용을 이야기한 것이 아니라 내가 생각난 것만 이야기해 준 것입니다. 그럴 때 다시 한 번 읽어보고 "전체 내용은 백만장자가 운전기사를 가르치는 내용인데, 그중에 마시멜로 실험이 나옵니다."라고 이야기를 해줄 수 있는 것입니다. 그 외에도 상세한 예는 다음 장에서 설명하겠습니다.

CHAPTER 11

어떻게 책을 읽고 소개하는가

그냥 소개하면 아무것도 기억에 남지 않는다. 특히 사례가 3가지가 넘는 것은 자제하는 것이 좋다.

어떻게 책을 읽고 소개하는가?

-메모트리 방법을 이용해서 한다

어느 날인가 서점에서 책이 사라졌다. 그래서 서점의 CCTV를 일주일 치를 돌려보는데 생각지도 못한 장면을 보고선 깜짝 놀랐다. 그것은 내가 일주일 동안 온종일 같은 자리에 앉아서 책을 보거나 계산을 하는 장면이었다. 그래서 그때 내가 왜 소화불량이 걸리고 몸이 아픈지를 알게 되었다. 하반신 운동을 전혀 하지 않았기 때문에 그랬다. 그렇게 앉아 있으려면 보통 사람 같으면 답답해하거나 나와서 운동도 하고 그랬을 텐데 오랫동안 습관이 되다 보니 아무렇지도 않게 앉아 있었지만, 내 육체는 고통의 비명을 소리 없이 지르고 있었다. 그런데 단순히 육체뿐만이 아니라 정신도 힘들어했다. 한마디로 심심하단 이야기다. 그래서 별의별 장난감들을 다 사게 되었다. PSP, 스마트폰, 넷북 그 외 주변기기로는 무선 헤드폰, 이어폰 등을 다 사보게 되었는데 소용이 없었다. 처음 한 달 두 달 정도만 가지고 놀다가 흥미가 것이다. 그런데 이상하게도 한 가지만은 질리지가 않았다. 그것은 바로 독서다. 이상하게도 책을 읽고 있는 동안만큼은 육체가 이곳에 갇혀 있다는 사실을 인지하지 못했다. 그것도 그 속에서 수많은 생각을 통해서 많은 것들을 만들어 갔다.

내가 책을 읽는 경우는 대부분 책을 소개하기 위해서다. 따라서 재미없는 책을 읽는 것은 고문이기 때문에 일단 덮어버린다. 그렇지만 베스트셀러나 화제의 도서 같은 경우에는 반드시 소개해야만 하므로 꼭 읽는다. 그래서 사실 내 특기는 읽기 싫은 책 읽기다. 안 해 본 사람들은 모르겠지만, 전혀 이해가 가지 않는 책이나 글을 읽는 것은 뇌를 고문하는 행위다. 그것도 이해도 안 가고 무슨 말인지 이해가 안 가는 책을 읽고선 소개를 한다고 했을 땐 일단 원고를 쓰면서 머리를 쥐어짜야만 하기 때문이다. 어쨌든 지금은 읽기 싫은 책도 잘 읽고 소개도 잘한다. 오래 하면 다 된다. 그리고 소개하고 싶은 책이 나올 때까지 서점에 있는 책들의 제목을 보고 간단하게 읽어 본다. 그리고 무언가 전달하고 싶은 메시지가 있는 책이면 반드시 끝까지 읽어보고 책을 소개한다. 그 이유는 책 끝 부분에 상상도 못 하는 반전이 있는 경우가 많기 때문이다. 그런데 여기서도 재미있는 것이 책 읽는 것은 반드시 서점의 카운터에서 읽는다는 사실이다. 물론 가장 중요한 것은 습관이 들어서 그렇겠지만 희한하게도 서점에서 손님을 보면서 책을 읽을 때 더 집중이 잘 된다. 그것도 읽다가 손님이 계산을 하러 오면 다시 책을 읽게 되는데, 이렇게 읽는 것이 나중에 시간내서 읽는 것보다 훨씬 더 재미있다. 이상하게도 영화나 게임은 안 되는데 책은 된다. 이렇게 짬짬이 읽은 책을 소개하기 위해서 우선 머릿속으로 어떻게 책을 소개해야 할지 정한다.

가장 먼저 하는 행위는 간단한 메모 트리를 통해서 내용을 간추리는 것이다. 일단 책의 제목에서 나올 수 있는 이야기, 혹은 내용 중에서 기억에 남는 이야기, 책을 왜 썼는지, 전하고 싶은 이야기는 무엇인지 등에 대해서 간단하게 메모를 하는 것이다. 그리고 나면 책을 소개할 수 있는 얼개(짜임새)가 완성이 된다. 그리고 나서 책 속에 간단하게 책갈피를 꽂아 놓았는데 그 책갈피를 가지고 책을 소개하는 사례로 활용해서 적게 된다. 그리고 나면 책의 내용과 사례가 같이 들어간 좋은 책 소개를 적을 수가 있다.

이렇게 책 소개 원고가 완성된 다음에는 잘못된 내용이 없는지 확인을 한다. 중간에 내 의견인지 혹은 책 속의 내용인지를 확실하게 구분을 해주어야 하고, 책 속에서 무언가 확실한 포인트를 가지고 이야기를 하는 것이 좋다. 그냥 소개하면 아무것도 기억에 남지 않기 때문이다. 특히 사례가 3가지가 넘는 것은 자제하는 것이 좋다. 그리고 시간도 3분에서 5분 이내에 소개를 해야 하기 때문에 작게는 한 장, 많아도 두 장 이면 충분하다. 그러고 나면 책을 소개하는 연습을 해야만 하는데 일단 원고 그대로 읽으면서 문장이 이상한 것을 고치는 연습을 해야만 한다. 그리고 원고 중에서 가장 기억에 남는 키워드만을 다시 적어보는 것이다. 라디오에서는 원고를 보면서 읽되 키워드 중심으로 설명을 하는 것이 좋다. 그리고 TV에선 제스처와 같이 키워드만 가지고 잘라서 소개하는 것이 좋다. TV의 경우 생방송이 아니고 대부분 녹화이기 때문에 여러 번에 나누어서 설명하는 것이 편집하기가 좋다. 무엇이 되었던 자신만의 색깔을 가지고 책을 소개해야 함을 잊어서는 안 된다.

CHAPTER 12

서점 사장님을 위한 팁

모든 것은 시간과의 싸움인데 여기에서 졌다고 볼 수가 있다.

　서점을 운영하는 방법에 대해서 한번 써보려고 한다. 우선 서점 경영에 관해 잘하시는 분들도 많겠지만, 내가 할 줄 아는 게 이것밖에 없다 보니 한번 써보려고 한다.

　우선 서점을 경영한다는 것의 의미를 알아야만 한다. 왜 서점을 하는가? 많은 사람이 돈을 벌기 위해서 서점 하는 사람은 별로 없을 것으로 생각한다. 과거에는 서점을 운영해 많은 돈을 벌어들인 사람들도 있었지만, 현재의 시점에서 미래의 시점을 보았을 때 서점으로 돈을 많이 번다는 것은 불가능하기 때문이다. 가장 큰 예로 미국에서 서점이 전자책에 밀려서 사라지고 있으며 현재 우리나라 대형서점들도 그 숫자를 줄이고 있다는 점으로서 보아도 돈을 벌려고 서점을 한다는 것은 말도 안 되는 이야기다. 그렇다면 왜 서점을 하는 것일까? 아마도 책이 좋아서 하신다는 분들도 있을 것이고 혹은 장사를 하는데 남들에게 인정을 받는 사업이기 때문에 하신다는 분들도 있을 것이다. 이것은 물론 개인적인 취향이기 때문에 무엇이라고 이야기할 수는 없다. 그러나 중요한 것은 개개인의 취향이 아닌 사람들이 서점을 필요로 하므로 서점을 한다는 사실을 알아야만 한다.

그런데 이런 서점들이 사라지고 있다. 심지어 대기업에서도 손을 떼고 있으며 마트에서조차 책은 진열하고 있지 않다. 즉 돈이 되지 않는다는 것이다. 왜 책이 팔리지 않는 것일까? 가장 큰 이유는 바로 스마트폰 때문이다. 과거에는 이동 중에 시간을 보낼 수 있는 수단이 책이나 신문밖에 없었다. 그러나 스마트폰의 보급과 함께 항상 인터넷을 검색할 수 있으면서 책 읽을 시간이 없어졌기 때문이다. 결국, 모든 것은 시간과의 싸움인데 여기에서 졌다고 볼 수가 있다. 그렇다면 이런 시기에 서점을 해서 살아남을 수 있는 방법은 무엇일까?

그것은 바로 책을 소개하는 방송이나 칼럼을 써보는 것이다. 책을 소개하는 방송이나 칼럼은 어느 곳에나 있다. 특히 작은 도시 같은 경우에는 자체적으로 많이 만들어서 항상 방송한다.

그런데 책을 소개할 수 있는 사람은 많지 않다. 가장 많은 것이 바로 도서관 사서, 그다음에 서점 주인, 학교 선생님 정도이며 일반적인 사람이 책 좀 읽었다고 소개하면, 직업적인 것이 아니라서 오래 하기도 힘들고 명분도 별로 없다. 그런데 그중에서도 가장 최신의 책을 유행에 맞추어서 소개해 줄 수 있는 사람은 서점 주인밖에 없기 때문이다. 게다가 책의 최신 트랜드와 베스트셀러 현황까지 소개해주면 더욱 좋다. 이렇게만 된다면 진짜로 엄청난 광고 효과를 가져오기 때문에 서점의 매출에 많은 영향을 미칠 수가 있다. 게다가 자신도 개인적인 효과를 가져와 사람들에게 어필할 수 있게 된다.

그렇다면 어떻게 하면 동네 신문이나 방송에 책을 소개할 수 있는 행운을 얻을 수 있을까?

우선 가만히 앉아서 기다리면 안 된다. 우선 자신이 책을 얼마나 소개할 수 있는지 방송국이나 신문사에 쫓아다니면서 광고를 해야만 한다. 그리고 작은 동네 같은 경우에는 얼마든지 소개를 통해서 할 수가 있다. 그리고 잊지 말아야 한 것이 바로 스폰이다. 즉 얼마 이상의 금액을 투자해서 방송을 연장할 수 있는 능력이 있어야 한다. 이 부분에서 많은 사람이 생각을 달리하는데 왜 내가 힘들여서 책을 소개하는데 돈까지 줘야 하느냐고 생각하는 데 이건 아니다. 왜냐하면, 내 가게를 광고하는 데 장기적으로 투자한다고 생각해야지 내가 돈을 받을 생각을 하면 안 되기 때문이다.

그리고 책을 선택하고 소개하는 방법은 이 책을 잘 읽어 보시면 된다. 단 서점 사장님들의 경우에는 많이 팔아야 하는 책을 위주로 소개하는 법을 잊지 마시길.

글을 마무리하면서

강의를 제작할 때만 해도 정말 많은 갈등의 연속이었습니다. 제가 그동안에 수고했고 만들었던 수많은 책 소개 방법을 강의로 만들어 띄우고, 집필하고 싶다는 욕망에 사로잡혀 그 글들을 모아서 책으로 내는데 많은 정성을 들였습니다. 일단 쓰다 보니 어느 순간 글들이 스스로 살아서 움직이는 것을 느낄 수 있었습니다. 사실 어떤 강의든 책이든 내용보다 훨씬 중요한 것은 바로 그 책을 쓴 저자와 강사 자체입니다. 다른 사람들에게 그 이야기를 할 만큼의 능력이나 자격이 되지 않고서는 사람들이 이야기를 듣지 않으려고 하기 때문입니다. 저는 오랫동안 책을 소개한 사람으로서 자격이 된다는 판단하에 제 경험과 생각을 바탕으로 이 책도 쓰게 되었습니다. 만약 잘못된 생각이 있다면 제 사이트에 올려주시기 바랍니다.

그리고 제 생각과 말이 이렇게 책이라고 불리는 실체로 현실화될 수 있도록 도와주신 출판사의 사장님과 편집장 님께 감사의 말씀을 드리고 싶습니다. 그리고 앞으로도 꾸준히 책도 쓰고 강의할 것을 약속드리면서 글을 마무리할까 합니다.

-저자 안정한

책으로 할 수 있는 모든 것들

2014년 04월 05일 1판 1쇄 인쇄
2014년 04월 10일 1판 1쇄 펴냄

지은이 l 안정한
기　획 l 김민호
사　진 l 김정재
발행인 l 김정재
펴낸곳 l 나래북 · 예림북
등록 l 제 313-1997-000010호
주소 l 서울 마포구 독막로 10(합정동) 성지빌딩 616호
전화 l (02) 3141-6147
팩스 l (02) 3141-6148
이메일 l scrap30@msn.com

ISBN 978-89-94134-32-1 13320